「関係づくり」を大切にする ボールゲーム指導

鈴木　理・土田了輔 編著

金子元彦・伊佐野龍司

八千代出版

執筆者一覧

鈴木　理　　日本大学文理学部教授
　　第1講，第3講，第4講，第8講，第10講，第12講，第14講

土田了輔　　上越教育大学大学院学校教育研究科教授
　　第2講，第5講，第6講，第7講，第9講，第11講

金子元彦　　東洋大学健康スポーツ科学部教授
　　第13講

伊佐野龍司　　日本大学文理学部准教授
　　第15講，コラム3

廣瀬勝弘　　京都産業大学現代社会学部教授
　　コラム1

益川満治　　弘前大学教育学部講師
　　コラム2

はじめに

　わが国の初等・中等教育では，教育課程（カリキュラム）の基準となる学習指導要領に沿って各教科の指導が行われています．このうち体育科・保健体育科では，主要な内容としてスポーツ文化の学習を担っていますが，カリキュラムで割り当てられた授業という時間的・場所的な制約の中で多くのスポーツ種目を直接体験することには限界があり，指導内容を精選することが不可避の課題となります．そこで，一定の基準で特徴の似通った種目を取りまとめ，各種目群から選び出した運動をプロトタイプ（典型事例）として取り上げて指導するという対応が取られています．こうして，個別種目に特化した末梢的な知よりも，むしろその種目群全般に（さらにはスポーツ全般に）通じる原理や概念の理解を促そうというわけです．とりわけ球技・ボール運動系（以下，本書では「ボールゲーム」と呼ぶことにします）領域においては，1998（平成10）年に改訂された小学校学習指導要領で中学年の内容が「〜型ゲーム」と示されたことを皮切りに，次の2008（平成20）年改訂以降，小学校中学年から高等学校まで一貫して，内容は個別種目名ではなく「型」と表記されています．その上で，各型で採用可能な運動（種目）が「内容の取扱い」に例示されています．

　したがって，例えば「バスケットボールの授業」を実施する場合，バスケットボールという個別種目を指導するのではなく，このゲームに典型的に表出すると考えられるゴール型の特性に注意を払いながら，一段高い目線から全体（バスケットボールや他のゴール型種目）を眺め下ろすことが求められます．子ど

もには，このようなメタ的視点を獲得することによって，ネット型という枠組みが形づくられる経緯を理解し，ひいてはボールゲームという一つの文化を受け継ぎ，さらには創造していくことが期待されます．端的に言えば，バスケットボール「を」ではなく，バスケットボール「で」，他種目にも通ずる抽象度の高い「ものの見方」を身に付けるということです．

　ところが，体育授業の実践現場をのぞいてみると，いまだに個別種目に執着し，その種目の関係者に流通する「業界用語＝種目の専門用語」を使って，その種目に秀でた競技者たちが行うようなゲームを外見的になぞるばかりの指導に出会うことが少なくありません．単元の初期にはその種目の基本的な技能を反復練習し，やがてこれを活用・応用した戦術を練り，ついにはその種目「らしさ」が漂うようなゲームを展開する（ことを単元目標や授業目標に設定する），といったストーリーです．ここで指導される「動き方」はもちろん，個別種目に特有のそれであり，同じ型に属する他の種目に適用されることはありません．つまり，このような授業で行われるのはあくまで種目の指導であって，型の指導ではありません．ましてや時間や場所の制約上，各型に振り分けられたすべての種目を指導することは，現実的には考えられません．そうなると子どもは，授業で扱ったいくつかの個別種目については履修したとしても，型の学習については未履修ということになります．

　このような実態は，さまざまな種目を型に取りまとめるに当たって，各種目の相対化

i

（型全体の中の部分として位置付けること）が不可欠であるにもかかわらず，その手続きが十分に進んでいないことに起因すると考えられます．それは，同じ型内の他の部分との共通点と相違点を捉えるための構造的視点が欠落し，もっぱら外見的・表層的なゲームの印象に依存した指導が行われていることを意味します．

　以上のような問題情況を踏まえ，本書では型ベースの球技の授業づくりに当たって，各種目に専門特化した個別理論ではなく，種目横断的な視点から球技という一つの文化領域を形づくるための一般理論を立ち上げ，体育授業の実践現場に周知していくことを目指します．

　本書は大学等のテキストとして使用することを想定し，体育授業におけるボールゲーム指導の考え方や実践について，90 分×15 回の講義で一通りの内容が押さえられるよう構成しています．また，読者の理解を深め，これまでとは違う視点からボールゲームを見つめ直すことができるよう，コラムを設けています．

　第 1〜3 講では，ボールゲームとその指導に関する本書の見方・考え方の理論的基盤について概説します．

　第 4〜7 講では，ボールゲームの指導場面で用いられるキーワードを取り上げて検討することを通じて，子どもの見方・考え方を活性化し主体的な学びを推進するための手立てについて考察します．

　第 8〜15 講では，ボールゲームの指導と評価について概説した上で，学習指導要領に示された型ごとに，指導内容の設定とこれに沿った教材づくりや授業運営の具体について紹介します．

　本書は競技スポーツの指導書ではなく，ボールゲームを扱う体育授業をデザインするための参考書です．したがって，その読者となるのは競技スポーツの専門家ではなく，教科指導の専門家（体育教師等）であると想定されます．そうした読者にこそ手に取って読んでいただくために，個別種目に特化した専門用語の使用をなるべく控え，やさしい（平易な）言葉で表現するよう努めました．体育教師がこの意味での実践的指導力を備えることによってこそ，例えばゴール型（サッカー）の単元で「サッカー部の生徒でさえもがうなるような授業」が現実のものとなるのではないでしょうか（それを願うのは，一人筆者ばかりではないでしょう）．

鈴木　理

目　　次

はじめに　i

第1講　一般理論の必要性　1
1　スポーツは完結しない　1
2　授業をデザインするための立脚点　3
3　一般理論に根差したボールゲーム指導　4

第2講　ボールゲーム指導のねらい　6
1　学習指導要領の運動領域：「動きづくり」と「関係づくり」　6
2　「関係づくり」の発展：TDC　9

第3講　ボールゲームの仕組み　13
1　ボールゲームとは何か　13
2　「ゲーム構造論」の骨子　14
3　ゲームの課題遂行と試し合いの現れ　14
4　ボールゲームの眺望　15

コラム1　種目を学ぶことから解放されませんか？　17

第4講　ボールゲームの攻防　18
1　ボールの移動をめぐる競争　18
2　防御境界面の層構造化　19
3　攻防とは何か　19

第5講　ボールゲームの戦術　22
1　相手との関係に応じた「傾向と対策」　22
2　名前の付いた技術・戦術　25

第6講　ボールゲームのルール　29
1　ルールが生み出す〈試し合い〉の世界：構成的ルール　29
2　フリースローのルールはなぜ無視されるのか？　31

第7講　ボールゲームへの参加　36
1　「協働」と「分業（＝手分け）」：役割取得　36
2　「引き算」で考える参加：外的簡易化と内的簡易化　39

コラム2　ゲームを「易しく」するとは？　43

第8講　ボールゲームの指導内容　44
1　「切り取られたゲーム」の問題　44
2　「頑張りどころ」の変容　45
3　新しいボールゲームとの付き合い方　45
4　ボールゲームの指導内容　46

iii

第 9 講　ボールゲームの観察とフィードバック　　48

1　〈直進〉／〈迂回〉の様態　48
2　ボール移動の落下地点図や軌跡図　50

第 10 講　ゴール型の指導内容開発　　54

1　「ゲームの理解」とは何を理解するのか？　54
2　ゴール型の仕組み　54
3　課題遂行のバリエーション　55
4　ゴール型の指導内容　56

第 11 講　ゴール型の教材演習　　59

1　「突破 de Go！」：ボールの攻撃性（進行性）の維持・増大　59
2　バスケットボール風ゲーム　61

コラム 3　ボールゲームと身体知　64

第 12 講　ネット型の指導内容開発　　65

1　「ネット型」は指導されているのか　65
2　ゲームの分類視点　66
3　ネット型のゲーム構造　66
4　ネット型の指導で見出すべき「良いプレイ」　68

第 13 講　ネット型の教材演習　　71

1　バドミントン風ゲーム　71
2　バレーボール風ゲーム　74

第 14 講　ベースボール型の指導内容開発　　78

1　ベースボール型に含まれる 2 つのゲーム　78
2　「アウト」とは何か　78
3　「打撃」とは何か　79
4　ゲームの「見立て」と「味付け」　80

第 15 講　ベースボール型の教材演習　　82

1　ベースボール型ゲームにおける「一次ゲーム」の捉え方　82
2　ベースボール型ゲームにおける「二次ゲーム」の捉え方　84
3　ゲーム理解に向けた教師の心構え　87

むすび　ボールゲーム指導の展望　89

索　　引　92

第1講　一般理論の必要性

1　スポーツは完結しない

「練習は裏切らない……」．熱戦・激闘の末に勝利を手にした選手が試合後のインタビューで感極まって口にするこの言葉を，私たちはこれまで何度耳にしたことでしょう．ここで語られる「練習」とは，スポーツという成否の不確定な試し合いの中で，勝利（＝成功）を追い求めて前進を続け，ついにはこれを「確定」させるための重要な手続きを意味します．十分な練習を積んで試合に臨むことは，「裏切り」を免れ，勝者の栄冠を手にするために欠くことのできない条件であると考えられています．確かに，現代に生きる私たちにとって，このような姿勢は至って当然の，もっと言えば「望ましい」スポーツへの向き合い方かもしれません．

しかし，スポーツの歴史を振り返り，例えばフットボール（サッカー）のルールがどのように決められ，さらに時代とともに変わってきたのかを詳しく調べてみると（中村，1985；永田，2009），かつて人々は成否を確定することよりもむしろ，その不確定性にこそ没入し，行方の定かでない状況に身を委ね，長時間にわたって楽しみ（＝価値）に浸っていたことがうかがわれます．粗雑な製法で不規則に転がるボールの「裏切り」もまた，こうした楽しみを演出することに一役買っていたのかもしれません．いずれにせよ，ここでは「練習＝成功を手に入れるための努力」に関心が向けられることは少なく，スポーツとはすなわち，試し合うことそれ自体であったと考えられます．

なお，あらかじめ誤解のないようお断りしておきますが，上記のような物言いは「練習の否定」を意図するものではありません．本講の趣旨は，スポーツがその始まりから今日に至るまでの長い時間の中で，試し合うための技（技術）や作戦（戦術）を練ることに大きな労力を要するまでに姿を変えてきたという事実（史実）に目を向けることであり，さらに言うならば，（だからこそ）今後もさらに変わっていく可能性がきわめて高いと，未来に思いをはせることです．このような認識は，現時点で見たり，聞いたり，体験したりするスポーツを常に「暫定版」と捉える視点につながります．

例えば，陸上競技で世界新記録が打ち立て

図1-1　フットボールの歴史
（Wikipedia，出典元不明）

られれば，たちまちそれまでの記録は過去へと追いやられ，その記録を支えていた技術は「古いもの」，「劣ったもの」として思い出されることになるでしょう．あるいは，体操競技では主要な大会の度に人々の度肝を抜くような新しい技が登場するので，採点の基準となる「難度」を頻繁に改定することが必要になってきます．このことはまた，世界を驚かせた技の賞味期限がそう長くはないことをも示唆しています．そして，ボールゲームでは競技ルールが変更されることに敏感に反応して技術・戦術も大きく変わっていくので，いわゆる「良いプレイ」の姿を一様に描くことはできません．このように，暫定版の視点から捉えられるのは，現時点において目で見て確かめられる「スポーツの仮の姿」に留まり，その先の領域（変容し続けるスポーツの将来像）には手が及びません．

では，こうして仮の姿しか拝むことのできない私たちは，スポーツを指導する場面で何を規範とすればよいのでしょうか．このような難局では，「過去のみならず，これからやってくる新時代をもはっきりと見据えたディープタイム的なビジョン」（クルツナリック，2021）を持つことが大切です．わけても次世代の市民（社会構成員）を育成するという重責を負った学校教育（体育授業）においては，このような視点を備えて指導に当たることが強く求められます．なぜなら，ここでは子どもの目の前に現れるスポーツがあくまで暫定版であることから出発し，それを詳しくひも解いていくことを通じて今後の新しい時代のスポーツを展望・創造する資質・能力を育むことが主要な使命となるからです．

しかし，そうは言っても学校の教育課程（カリキュラム）というきわめて限定的な条件（時間・場所）のもとで，現存する多くのスポーツ種目を直接体験することは，現実的にはほとんど望めません．そこで，特徴の似通った種目を集めてグループをつくり，その中で実施可能なものを典型事例として選び出して指導するという方式が採られることになります．ここでは，個別種目に特化した末梢的な知よりも，むしろそのグループ全体に，さらにはスポーツ全般に通底する原理（価値体系）に迫ることが目指されます．

ところが，授業実践の現場では，学習指導要領の「内容の取扱い」に例示された種々の運動を「適宜取り上げる」ように，あるいは「学校や地域の実態に応じて，その他の運動についても履修させる」（文部科学省，2018）ように言われても，実際にどれを選び，何を教えればよいのか苦悩する教師は少なくありません．確かに，体育授業で目に映るのは，子どもがそのような種目名で呼ばれる活動（競走，試技，演技，ゲーム等）に興じている様子に違いありません．しかも，金子（2007）が指摘しているように，「私たちは走るや跳ぶといった身体運動を即自的実体と考えるのに慣れて」います．これらの事情に後押しされるように，教師はやおら立ち上がって「これぞ正しい動きだ」と言わんばかりに，その種目の競技選手の動きを模範とする指導を始めるのかもしれません．しかしその一方で，そのような動きが，誰にとっての，いかなる課題に対する解決方法なのか，さらには万人にとっての合理的解法なのか，等々を問題にすることはほとんど望めないでしょう．

そこで，あらためて学習指導要領の記述を確かめてみると，そこに掲げられた教科の目標は，各学校段階における重点や基本的な指導の方向を示した，いわば「方向目標」とし

て設定されています（文部科学省, 2019）．このことが，教師の創意工夫と子どもの主体的な取り組みを可能な限り保証し，あたかも「正しい動き方」なるものが現実に存在するかのように一義的に解釈して子どもに埋め込んでいくようなことを最小限に抑制しているのです．つまり，学習指導要領は個々の授業の指導内容を詳細・厳格に規定するものではありません．むしろ，体育授業の指導内容開発は「いま・ここ・この学級」の授業実践を担う教師にこそ委ねられ，スポーツの文化的価値を支える「意味の世界」に子どもを引き込むことが託されているのです．

2　授業をデザインするための立脚点

　体育授業実践の現場を上述のように見立てた場合，教師は「正しい動き方」を教え込むための技術的熟達者（technical expert）ではなく，子どもが主体的にスポーツの「意味の世界」に参入していくことを促す支援者（facilitator）の役割を担うことになります．このような場面では，「学校で教える知識を子どもの学びに即して学びなおし，授業で有効に機能するように翻案する」（佐藤，2015）能力が求められます．体育授業に引き寄せれば，個別種目の専門用語を並べ立てて指導するのではなく，その運動の成り立ちをやさしい，なじみやすい言葉で語り出すことで，子どもに「あっ，なるほど」と気付かせることが大切です．この場合，そうした「平易な言葉」は，目で見て確かめられる個別具体を「例えばAとか，Bとか，Cとか……」と集積したコレクションからではなく，それらを取りまとめて「要するに……」，「つまり……」と抽象化した一般理論から紡ぎ出されるものです．

　この考え方をボールゲームに当てはめてみましょう．例えば，「ベースボール」の仲間と考えられるゲームを，日米のプロ野球や甲子園の高校野球から，バットの代わりにラケットや手で打撃するゲームや，転がした

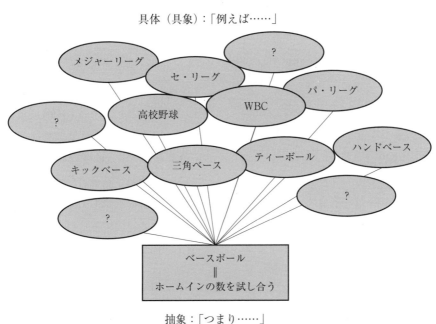

図1-2　具象（具体）と抽象

ボールを足で蹴り飛ばすゲーム，さらにはベースを三角形に配置したゲーム等々まで視野を広げて見渡せば，各々がかなり異なるルールで実施され，そこに現れる「試し合い」のありようも大きく異なってくるでしょう．そうなると，それら数多の具体例から「唯一の正しい姿」を見出すことはできません．それにもかかわらず，いずれのケースも同じようなこと（ホームインの多寡）を試し合うゲームであることを，多くの人たちは知っています．だからこそ，キックベースで遊ぶ子どもたちを見ても，それはサッカーではなく，野球の仲間だと考える（わかる）わけです．このような「わかる」を支えているのは，個々のゲームの現れではなく，それらにあまねく通底する制度（ゲームの仕組み）の視点です．すなわち，例えば「バスケットボールはどのように試し合われるのか」と，「そのような試し合いはなぜバスケットボールと呼ばれる（見なされる）のか」は位相の異なる問題であって，「バスケットボールとは何か」を言い当てる場合には，後者の視点（構造的理解）が拠り所となります．

このことを念頭に置けば，ゲームを「動き方」すなわち実体と捉えるのではなく，一方の企てが他方に及ぼす「効き目」すなわち関係と捉え，「関係づくり」を主題化した授業展開が構想されます．

以上の議論は，子どもの学習活動の直接的対象となる運動やゲームを構造的に捉えてスポーツの価値体系に配置するためのロジックが，目に見える形で現れる種目の個別理論ではなく，そうした学習活動（＝教材）を典型事例として存立させている「練習と指導の一般理論」（朝岡，2007）に基づくものであることを明瞭に示しています．

 一般理論に根差したボールゲーム指導

Dunning (1983) によれば，スポーツは社会的な「飛び地 (enclave)」として，日常生活世界では許されない（あり得ない）ような，法や規範から逸脱した行為が一定の意味を与えられ，「許容された逸脱」[1] として成り立っている世界であると言います．したがって，そうした「逸脱」が特別な形で価値付けされ許容されるようになった経緯に注意を集め，そこに埋め込まれた意味を掘り起こしていくことは，文化を預かる学校教育の使命に他なりません．

それにしても，将来スポーツ選手になるわけではない大半の子どもや，すでに「（授業で取り上げる運動が）できる」ようになってしまっている子どもも含め，あらゆる子どもに体育授業を必修として課すことで，どのような教育的価値を保証しようとするのでしょうか．この種の問いに，これまで伝統的に多くの指導者たちが依拠してきた「競技力向上」の文脈から有力な回答を示すことは難しいように思われます．なぜなら，もとより教師は「種目の専門家」ではなく，「教科＝保健体育の専門家」として子どもの前に立っているからです．これを全うする教師は，スポーツの「動き方」が一定の合理性を持つ解決策として人々に承認されるようになった歴史的・文化的・社会的経緯や，さらにはそうした解決をよりよく達成するために試行錯誤を経て技術・戦術が考案されてきたという価値や意味の世界に，子どもをていねいにエスコートするでしょう．

このような教師を（大学等で）養成し，あるいは（教職着任後に）教育していく際の理論的

支柱として，ボールゲームの一般理論が重要な一翼を担っていることは言うまでもありません．スポーツの価値体系[2]を捉えることは，現出する出来事の意味を了解するための基盤となります．これにより，日々の体育授業で目にするそのつど1回限りの出来事の外見がまちまちであっても「同じ運動／ゲームだ」と認識することができるのです．

注

1) 日常生活世界で人を殴ったりしたら暴行の罪になりますが，例えばボクシングというスポーツでは，まさにその能力が試し合われ，相手を殴り倒せば「ナイスパンチ」などと称賛されます．つまり，日常生活世界の逸脱が，スポーツという飛び地の中では「許容された逸脱」として別の形で意味付けられるのです．

2) スポーツはもともと人間が人工的につくり出した創作物です．したがって，試し合いの中でどのような作為に高い価値を見出すのかは，あくまで人為的なものですが，それらの集積は体系的に整理され，取りまとめられることによって，スポーツという一つの文化領域を形成しています．

文献

朝岡正雄（2007）コーチング学とは何か．日本コーチング学会編，コーチング学への招待．大修館書店：東京，pp.37-64.

Dunning, E.（1983）Social bonding and violence in sport: A theoretical-empirical analysis. In: Goldstein, J. H.（Ed.）Sports Violence. Springer-Verlag: NY, pp.129-146.

金子明友（2007）身体知の構造—構造分析論講義—．明和出版：東京，p.194.

クルツナリック，R.：松本紹圭訳（2021）グッド・アンセスター．あすなろ書房：東京，p.59.

文部科学省（2018）中学校学習指導要領解説保健体育編．東山書房：京都，pp.199-200.

文部科学省（2019）高等学校学習指導要領解説保健体育編体育編．東山書房：京都，p.21.

永田洋光（2009）フットボールのルールを巡る社会／文化的考察．江戸川大学紀要，19：267-279.

中村敏雄（1985）オフサイドはなぜ反則か．三省堂：東京．

佐藤　学（2015）専門家として教師を育てる．岩波書店：東京，pp.36-39.

第2講 ボールゲーム指導のねらい

① 学習指導要領の運動領域 ：「動きづくり」と「関係づくり」

日本の学校教育は，学習指導要領という基準に基づいて行われているのはみなさんご存じでしょう．この学習指導要領は，およそ10年に一度，改訂されています．

日本の子どもたちは，どの都道府県，市区町村に転校しても，同じ学年でほぼ同じような内容を学ぶことができるのは，この学習指導要領のおかげです．場合によっては大都会から僻地へ，あるいはその逆も同じです．もちろん，その学校の子どもの人数によって，学習の形態は変わってくるかもしれませんが，日本の学校というのは，この基準によって全国津々浦々，同じような教育が保障されているのです．

ところが，国中が基準に基づいて同じ内容をやる体育というものが，世界中どこに行ってもあるとは考えないほうがよいでしょう．むしろ，教科として技能習得が実施されている体育は，少数派なのかもしれません．多くの国では，体育は遊びの時間だったり，子ども自身が好きな活動を選んで自分のペースで楽しむ時間だったりするようです（和田，1991）．

さて，話を戻しましょう．みなさん，体育と聞くと器械運動などで技の習得を目指して頑張った経験があるでしょう．マット運動での開脚前転，鉄棒での前回り下り（前方支持回転）など，先生の示範と同じ動きができるように，何回も練習したのではないでしょうか．あるいは，ハードル走の授業では，3歩や5歩のリズムでハードルをリズムよく跳び越えることができるように，水泳でも，バタ足と手のかきを合わせてクロールで25m泳げるように頑張ったのではないでしょうか．

このように，お手本として示されたりする「動き」を，練習したり友達からアドバイスをもらったりしながらできるようになることが，体育の学習だとあなたは考えるのではないでしょうか．私たちは，このような体育を「動きづくり」と表現することにします．あえてこのような営みに「動きづくり」などと名前を付けるということは，逆に言うと，体育にはもっと別の側面がありますよということを暗示しますし，本書の大きな主張もここにあります．

結論から言うと，私たちは，体育には「動きづくり」の他に「関係づくり」という側面があると主張したいのです．「関係づくり？」，みなさんの頭の中に「？」がたくさん浮かんだのではないでしょうか．

一般に，「関係づくり」と聞くと思い出すのは，人と人とが仲良くする，といった「人間関係」が思い出されるのではないでしょうか．それももちろん「関係」なのですが，人と仲良くすることが「関係」なのではなくて，仲が良いとか悪いとかいう2人の間柄が「関係」です．仲良くするには，自分だけが頑

張ってもダメで，相手がどう思うかといった，相手の都合もありますよね．このように，常に「他人の都合」[1]も考えないと，自分のふるまいも決まらないといった事態を，私と相手との「関係」と捉えます．

　私たち人間は，机や椅子といったモノ（実体）に名前を付けることができます．でももっと面白いことに，私たちは，目に見えない「関係」にも名前を付けることができるのです．例えば，「恋愛（関係）」とか「友情（関係）」のように，2人の人間の付き合い方のようなことにも，名前を付けることができるのです．例えば，A君が毎朝駅の改札口で立っていると，B君が必ずやってきて，2人で一緒に電車に乗って通学しています．しかし，2人と同じクラスのCさんが改札前のA君を見ても，Cさんは素通りしますし，A君はCさんとは一緒に電車に乗ろうとはしません．A君はB君を待っているのです．このような行動が繰り返されると，A君とB君の「関係」が露わになってきます．もちろん，目に見えるのは，A君がB君と一緒に電車に乗るという現象と，A君はCさんはじめ，他のクラスメイトとも一緒に電車に乗らないということが見えるだけです．でも，そのようなことが繰り返されると，私たちは，A君はきっとB君と仲良しの「友情（関係）」なのだろうと想像しますよね．A君は自分の都合だけで電車に乗りません．B君の存在が影響するのです．

　さて，ここまで読んで，「でも体育の学習のどこに，この『関係づくり』があるの？」と思った人もいると思います．私たちは，ボールゲームの学習に「関係づくり」があると考えました．ボールゲームといっても，例えば，バスケットボールならチェストパスや

ドリブル，シュートなどの「動きづくり」があるじゃないかと考えた人もいるでしょう．確かにその通りで，体育のバスケットボールやサッカーの授業では，パスやドリブルの練習をしてからゲームを行う，といった流れが定番なのかもしれません．

　でも，ちょっと考えてみてください．チェストパスやドリブル，シュートって，必ずそれをやらなければならないというわけではありませんよね．どのように投げても，味方がキャッチしてくれればパスは成立します．シュートだってプロのようなシュートが格好いいかもしれませんが，どのように投げても入ればいいのです．

　また，あまり自分や相手が移動しないままパスの練習をしたり，置いてあるボールを，妨害する人もいない状態でシュートしたりしても，ゲームになったらあなたの周りには，邪魔する人がいっぱい，なんてことはありませんか．これでは，何の「練習」をしたのか意味がわかりませんね．実は，1980年代のイギリスの先生たちも練習とゲームの乖離を目の当たりにして困惑していたのです．イギリスのラフバラ大学の教員をしていたソープとバンカーは，ゲームのスキルを中心に教える"スキル・ベース"の指導では得られるものは少なく，ほとんど進歩も見られないまま学習者の興味が薄れていったと報告しています（Thorpe and Bunker, 1986）．

　もちろん，大きなボールを取ったり投げたり蹴ったり止めたりすることに慣れておくことは重要です．重くて大きなボールを，いきなり力いっぱい蹴飛ばせば，足にケガをしてしまうかもしれません．

　しかし，味方も対戦相手もいない状態でパスやドリブルの練習をしても，ゲームでその

スキルが発揮できるとは思えません．パスは受け取ってくれる味方の都合もあります．「パスのような単純なスキルは関係的で複雑である」（MacPhail et al., 2008 を土田が翻訳），と言われてもいます．自分を妨害しようとする対戦相手の都合もあるからです．他人の都合，まさにボールゲームは「関係」を学ぶ場だと思うのです．決められた動きそのものをつくることは，一番のねらいではないのです．

　それでは，実際に体育の授業の中には，どのような領域があるのでしょうか．そしてどれが「動きづくり」でどれが「関係づくり」なのでしょうか．

　小学校学習指導要領（平成 29 年告示）解説体育編（文部科学省, 2017）を見ると，小学校の体育科は，大きく 2 年ごと，あるいは 4 年ごとに内容のかたまりがあることが示されています（表 2-1）．

　第 1 学年，第 2 学年の「体つくりの運動遊び」と第 3 学年から第 6 学年までの「体つくり運動」は，サッカーやバスケットボールなど，特定の名前が付いたスポーツ種目の技能を習得することが目的ではないのですが，体のバランスを取ったり，体を移動したり，用具を操作するなど，「多様な動きをつくる」ことが示されています．この部分を見ると，

まさに「動きづくり」をすることが内容となっていることがわかりますね．

　ただ，体ほぐしの運動遊びなどでは，「みんなで関わり合ったりすること」（文部科学省, 2017）と，何ともストレートに書いてあるので，まさに「関係づくり」が内容になっているとも考えられますね．このように，一つの領域の中でも，「動きづくり」と「関係づくり」が混在していることがわかります．

　第 1 学年，第 2 学年の「器械・器具を使っての運動遊び」と，第 3 学年から第 6 学年までの「器械運動」は，まさに「動きづくり」がメインテーマとなる領域です．「マット運動」，「鉄棒運動」，「跳び箱運動」などで構成されており，「回転したり，支持したり，逆位になったり，懸垂したりすることなどの技に挑戦」（文部科学省, 2017）することが大切です．

　次に，第 1 学年，第 2 学年の「走・跳の運動遊び」と，第 3 学年，第 4 学年の「走・跳の運動」，第 5 学年，第 6 学年の「陸上運動」は，走ったり跳んだりする基本的な動きを身に付ける領域なので，器械運動などと同様に「動きづくり」がメインテーマになりそうです．しかし，器械運動ほどの厳密さはありません．例えば，ミニハードル走を行う場合は，かなり低い障害物を設置して調子よく連続して跳び続けることが重要になります．しかし，オリンピック選手のハードル走を形だけコピーして，「抜き足は膝のあたりを寝かせるようにして！」と指導しても，ミニハードルはそんなに高く設置しませんので，競技者のように抜き足を寝かせることに，あまり意味がありません．私たち人間は，行為の意味を感じながら学ぶことが理想的で，意味がわからないことを延々繰り返しても，学びにくいので

表 2-1　体育科の内容構成

学年	1・2	3・4	5・6
領域	体つくりの運動遊び	体つくり運動	
	器械・器具を使っての運動遊び	器械運動	
	走・跳の運動遊び	走・跳の運動	陸上運動
	水遊び	水泳運動	
	ゲーム		ボール運動
	表現リズム遊び	表現運動	
		保健	

（文部科学省, 2017）

す．このような側面を考えると，競技者が
やっているような動きをコピーするのではな
く，自分が調子よく跳び続けられるように一
連の動きをつくっていくことが大切というこ
とですね．

　長距離走などでは，一緒に走る人との駆け
引き（という関係）が焦点化される場合もあり
そうなので，「関係づくり」もできそうです
ね．

　水泳に関連する領域はどうでしょう．第1
学年，第2学年の「水遊び」と，第3学年か
ら第6学年までの「水泳運動」は，水の中を
移動したり，もぐったり浮いたりするなどの
基本的な動きを身に付ける領域とされていま
すので，ここもメインテーマは「動きづく
り」と考えられますが，陸上運動と同様，競
技者の真似をして動きを形だけつくるより，
長く無理なく泳げるようにしてあげることの
ほうが重要になります．また，もしリレーな
どを取り入れるなら，駆け引きが出てくるの
で，「関係づくり」もできそうです．

　第1学年から，第4学年の「ゲーム」と，第
5学年から第6学年までの「ボール運動」は，
ボールを投げたり蹴ったり打ったりする基本
的なボール操作の動きを身に付けたりする部
分は「動きづくり」に見えますが，攻めや守
りに分かれてゲームを実施することを考える
と，自分の都合だけでは投げたり蹴ったり
打ったりできないことから，まさに「関係づ
くり」がメインテーマと考えられます．パス
やシュートも決まった形にしなければならな
いということではありません．ちなみに「鬼
遊び」という内容も，「追いかける・追いかけ
られる」という関係の中で遊ぶことから，
「関係づくり」がメインテーマと考えてよい
と思いますし，低学年でゲームの領域に「鬼

遊び」があるということは，その後に続く
ボール運動，球技の根底には，まさに相手と
の駆け引きという関係があるという根拠にも
なります．

　第1学年，第2学年の「表現リズム遊び」
と，第3学年から第6学年の「表現運動」は，
身近な題材になりきって全身の動きで表現し
たり，軽快なリズムの音楽に乗って踊ったり
するとあることから，自分の都合で「動きづ
くり」をする活動もありますし，みんなで合
わせて踊ったりするとなると，当然，「関係
づくり」もあると思います．

　以上に見てきたように，小学校体育は領域
によって「動きづくり」と「関係づくり」が
はっきり分かれるものと，その中での活動に
よって分かれるものがありそうです．

② 「関係づくり」の発展：TDC

　前の節では，体育のテーマの中には「動き
づくり」と「関係づくり」があるよ，という
話をしました．体育なのだから「動き」をつ
くるのは当然と思いがちですが，その前に，
自分の都合だけで「やること」を決定できな
い内容があることがわかったと思います．し
かも，表現運動のように，ある程度動く形を
決めておいて，他の人と調整するという領域
もありますが，「ゲーム」，「ボール運動」の
ように，動く形すら決まっているわけではな
くて，他の人との「関係づくり」のほうがメ
インテーマという領域もあるのです．「動く
形が決まっていない」とは，例えば，サッ
カーの「インステップ・キック」のような蹴
り方や，バスケットボールの「ワンハンド・
ショット」のような投げ方に，あえて名前が
ついている「形が決まった動き」があります．
しかし，どのように蹴ろうが投げようが，

ゴールにボールを入れるという目的が達成されれば、「動き」の外から見た形は、本来は二の次ですよね。このような内容を扱う場合、正しい動きの形が現れないからといって、その「動きづくり」に時間を割いてしまうと、肝心のゲームまでたどり着けないという事態が生じます。だったら、もっと他の人との「関係づくり」に意識を向けたほうがよいと思います。

ところで、体育授業のように、競技のエキスパートではない人が、ボールゲームの世界に飛び込んでいった場合、その人と他者との関係の認識がどのように拡大していくかという面白いモデルがあります。

ヘニンガーらは、バレーボール初心者の領域固有の知識を調べ、その知識を用いて試合中にどのように戦術的判断を下すかを検討しました (Henninger et. al., 1993)。すると、初心者の学生4人は、ゲームでプレイ中に、「ネットに近付き過ぎた」など、自分に焦点を当てがちであることがわかりました。仲間と作戦を立ててバレーボールを実施するには、当然、味方や対戦相手にも注意を向けないといけないのですが、熟練度が低いと、自分のことで精いっぱい、あるいは、チームメイトへのパスに言及するくらいだったと述べています。

そこでヘニンガーらは、初心者がボール

ゲームに熟達していく中で、どのように関係的な認識を広げていくかというモデル、戦術的情況判断能 (Tactical Decision-making Competency：TDC) を示しました (Pagnano-Richardson and Henninger, 2008, 表2-2参照)。

このモデルによると、初心者はゲームの中で、まず「もっと肘を高く」や「もっと後ろに下がって」など、自分の動きの修正に焦点を当ててプレイしていることが多いことがわかります (Level 1)。

次に、「もっと味方のセッターに」とか「ゴール下に味方のプレイヤーがいたので」など、徐々に一緒にプレイしているチームメイトの行為に焦点が当たっていきます (Level 2)。

やがて、「私たちがセット・アップをして攻撃すると、相手は2人でブロックに来た」とか、「私が味方のプレイヤーにパスをして3点シュートを打たせると、相手のディフェンスは徐々に外に広がり出した」など、対戦相手の反応にまで焦点化されていきます (Level 3)。

そしてついに、「残り3分で相手が3点リードしているときには、早くシュートを打たせてリバウンドを取りにいくべきだ」とか、「最終セットで相手が疲れてくれば、どんどん攻めていくべきだ」など、ゲームのある時

表2-2　戦術的情況判断能のモデル

情況判断のレベル	学習者の焦点	学習者の焦点例
Level 1	自分と行為遂行	私はそれを、どうやって修正するか？
Level 2	自分とチームメイト	私たちはこの場合はいつもどうしたらいいか？（すなわち、しばしば恣意的なルールを適用）
Level 3	自分、チームメイト、対戦相手	対戦相手は私たちの行為に対してどのように反応するか？
Level 4	自分、チームメイト、対戦相手、ゲームの情況	私たちのチームは、このゲームの時点で、対戦相手にどう応じるべきか？

(Pagnano-Richardson and Henninger, 2008 を土田が翻訳)

点での駆け引きが，勝利にどう結び付くかなど，ゲームの流れや進め方について焦点を当てながらゲームをすることが可能となってくることがわかります（Level 4）．体育の授業では，勝敗にそこまで固執させないとすれば，TDC は Level 3，つまりは対戦相手との関係あたりも視野に入れると，豊かな学びになるのではないでしょうか．そしてこのチーム対チームの関係は，主に相手の攻めや守りの「傾向」に対して，どのように「対策」を立てていくかという「傾向と対策」のサイクルになっていくことで，採用した戦術の意味がわかっていくことになります．例えば，バスケットボールのゲームで，相手のシュートを打つ位置の大半が，ゴールのすぐ下付近に固まっている傾向が見られたら，「大きな仲間でゴール下を固めよう」という守り方の意味がわかります．「とにかくマンツーマンだ」などと言って守ってしまうと，どんな守り方が相手にとって効き目があったかわからなくなってしまいます．

これまで，戦術というと，難しいカタカナの名前が付いた動き方を想起する人が多かったと思います．しかし，もともとボールゲームの戦術は，「傾向と対策」です．とても素朴な発想で構わないので，相手の傾向を見て対策を立てるという繰り返しが，戦術の意味がわかる学びにつながると思います．

また，TDC という認識の広がりに関する研究成果から，現場の実践の何がわかるかということですが，初心者はゲームの中で，自分の動きの修正にしか焦点化できない段階があるということです．ここから認識の範囲を広げていくには，ゲームの中での経験を増やしてあげることが大切です．ゲームと関係がないところでいくらパスやシュートの練習を

しても，TDC の Level が「1」のまま単元が終了してしまったら，相手との「関係づくり」ができないまま，ボールゲームの時間が過ぎてしまいますよね．これが従来のボールゲーム指導の問題点でした．基礎をたっぷりやってから応用（ゲーム）というのは，学習者の「関係づくり」の時間をいたずらに消費してしまいかねません．たっぷりゲームの中に浸らせてあげることが，思ったより重要であるということを教師の側が認識しておくことが大切です．

なお，学習者のゲーム中の認識拡大が，TDC の Level 1，Level 2 という順序になるかということですが，必ずしも全員が同じように順序よく認識を拡大していくとは限りません．例えば，先生がある子どもに，サッカーの守り方についてアドバイスをしたとします．そうすると，子どもは当然，対戦相手に意識を強く向けます．そうすると，Level 1（自分のことを焦点化する）だった子が Level 3（対戦相手までも焦点化する）というところに一気にいくこともあります．この順序性は，およそのものと考えてください．また，ベースボール型については，もう少し事情が複雑なようですので，当面はネット型とゴール型を対象としたほうがよさそうです．

注
1）いわゆる開放型スキルを「他人の都合で動く運動」という言い方は，愛知教育大学の森勇示先生が使われていた言い回しです．ここでは，森先生の許可を得て使わせていただいています．

文献
Henninger, M., Pagnano, K., Patton, K., Griffin, L., and Dodds, P. (1993) Novice volleyball players' knowledge of games, strategies, tactics, and decision-making in the context of game play.

Journal of Teaching Physical Education New Zealand, 26(2): 34–46.

MacPhail, A., Kirk, D., and Griffin, L. (2008) Throwing and catching as relational skills in game play: Situated learning in a modified game unit. Journal of Teaching in Physical Education, 27: 100–115.

文部科学省 (2017) 小学校学習指導要領解説体育編. 東山書房：京都, p.24, p.39, p.79.

Pagnano-Richardson, K., and Henninger, M. (2008) A model for development and assessing tactical decision-making competency in game play. Journal of Physical Education, Recreation & Dance, 79(3): 24–29.

Thorpe, R., and Bunker, D. (1986) Where are we now? A games education, in rethinking games teaching. In: Thorpe, R., Bunker, D., and Almond, L., Rethinking Games Teaching. Department of Physical Education and Sport Science, University of Technology: Loughborough, UK, p.5.

和田雅史編 (1991) 子どもが見た世界の体育授業―海外帰国生たちのリポートから―. 大修館書店：東京, p.133, p.129.

第3講 ボールゲームの仕組み

1 ボールゲームとは何か

私たちが見聞するさまざまなスポーツは，面白さを求めて人工的に創り出されたイベントです．このうち「個人または集団がチームをつくり，攻防に分かれて[1]1個の球体か球状あるいはこれに代わる物体を係争物にし，得点を競うスポーツ競争」(稲垣，1989)であるボールゲームの場合，その面白さの根源は，実際に試し合ってみなければ勝つか負けるかわからないところにあると考えられます．ボールや身体を自在に操作すること自体の難しさに加えて，相手が阻止しようとしたり，自然物や人工物などの物理的条件が関与したりすることが，試し合いの成否を不確定にしているのです．このことから，ゲーム(球技)とは「明確な達成目標をもち，途中経過がどうなるか定かでない競技形式によって行われる運動遊技の一類型」(シュティーラーほか，1993)と理解されてきました．

このような見方は，競技形式すなわち「試し合いの行い方」に着目すれば，種々のゲームを分類することができるという発想を導きます．例えば，バレーボールは「攻撃と防御が分離した状態で」，「連携プレイを用いて」，「ボールを打ち返すという仕方で」，あるいは「ネットの向こうとこちらで」試し合いを行うことから，「攻防分離系(連係プレイ型)」，「打ち返し型」，「ネット・壁型」等々に分類されるというわけです(高橋，1993：佐藤・浦井，

1997：林・後藤，1997)．

しかし，実際にゲームを行うプレイヤーの目線をなぞってみると，まずもって意識の前面に立ち上がってくるのは，「いま・ここ」という具体的で個別的な情況で「私たち(自チームと相手チーム)」は何を試し合うのかという「ゲームの目的」に他なりません．その試し合いを「どのような仕方(競技形式)で」行うのかは，あくまで副次的な問題なのです．

ボールゲームの歴史を遡ってみれば明らかなように，ゲームを楽しもうとする人々は，まずもって「どちらが勝利(目的達成)を収めるかは，やってみなければわからない」という成否の不確定性を醸し出すために，ボールや用具の操作，身体操作，あるいは試し合いを行う場の物理的条件などに一定の制約や負荷をかけた「特別なイベント」を制作してきました．このイベントに参加してみると，相手とせめぎ合う情況で，努力を傾けるべき対象(ゲームの課題)が浮かび上がってきます．そこで，ゲームの制約条件(制度≒ルール)に沿ってこの課題を解決していくためのさまざまな方法が考え出され，試されるようになります．それらの中で合理的だと多くの人々に認められ，受け継がれてきたものが，今日，私たちの間に広く知られている「わざ(技術)」や「作戦(戦術)」なのです．

したがって，子どもを既成の，定型化したゲームを「する」ことに着地させるばかりでは，「いま・ここ・私たち」の試し合いが

13

「ゲームになっていく」という生々しいダイナミックな出来事の意味や価値を見逃してしまいかねません．原初的な「試し合い」が長い来歴の中でゲームの色合いを帯びるようになっていく，その「経緯＝仕組み」をひも解いていくことの意義がここに見出されます．ゲームの目的から出発し，その目的を果たそうとする参加者たちが出会うゲームの課題を見出し，その解決過程を整理することによって，私たちは個別種目を超えた「ボールゲームの全体像」をつかむことができます．

❷ 「ゲーム構造論」の骨子

前節の考え方を実践するためには，目に見える現象として捉えられる一つひとつのゲームをできる限り抽象化して，「要するに〜」という形で「このゲーム」にも「あのゲーム」にも共通する特徴を取り出すことが必要です．このような視点でボールゲームを眺めてみると，確かに種目によって（さらには同じ種目の中でさえも）個々のゲームは千差万別の姿で現れてきます．それでも，どのゲームであっても，①ボールを目標地点に移動すること，または，②（そうしたボール移動をきっかけに）プレイヤーが目標地点に移動すること，のいずれかをめぐる試し合いであることは疑い得ません．

ここで，各々が「試し合い」であることをあらためて思い起こすと，当の「移動」を妨げる何らかの要因が介在することが予見されます．

①の「ボールを目標地点に移動する」ゲームの場合，ボールを操作すること自体が難しかったり，相手の行為や物理的条件（ネットなど）によってボールを失ったりボールを進めることに失敗したりすることがあるので，

移動に成功するかどうかは不確定です．

また，②の「プレイヤーが目標地点に移動する」ゲームでは，移動者（＝走者）に対して，相手方はボールを確保して先回り（＝待ち伏せ）したり追いかけたりして，ボールを走者にタッチすること（＝アウト）[2]で移動を阻もうとします．つまり，「走者を標的にした鬼ごっこ」のような試し合いになるので，移動の成否は不確定になります．なお，この試し合いに先立って，相手方投手の投球を捕手が捕球しようとする過程に介入してボールを走者から遠ざけようとする（＝ボール確保を不安定化する）試し合い（＝打撃）が行われます．これはフェアゾーンを目標地点とするボール移動と考えられるので，①と同型です．

このように，ゲームの目的は①と②に分岐しますが，いずれの場合も，「目標方向に向けてボールを進める」という課題のできばえが目的達成を左右します．なお，この課題への取り組みは，「進める」ためのボールがあってこそ叶うので，ボールを失わないという「確保の安定性」に支えられていると考えられます．

こうして，ゲームの目的を達成するためにプレイヤーが努力を傾注する「ゲームの課題」は，(i)ボールを失わないこと〈ボールの確保〉と，(ii)ボールを目標地点に向けて進めること〈ボールの進行〉に集約することができます．これらの課題が成否の不確定性を伴って遂行される現れを見取っていくことを通じて，「ゲームの眺望」が拓かれるでしょう．

❸ ゲームの課題遂行と 試し合いの現れ

ここまでの議論で，「試し合い」が成否の

不確定性を保ちながら立ち上がってくる契機は，①ボールを目標地点に移動する，または，②プレイヤーが目標地点に移動するという，「ゲームの目的」であることが確認されました．そして，これらの目的を果たすためにプレイヤーが努力を集中する「ゲームの課題」は，〈ボールの確保〉と〈ボールの進行〉に識別されました．

まず①においては，総じてプレイヤーは「ボールを失わないよう確保して，ボールを進める」という仕方で目的達成を目指します．ただし，〈ボールの確保〉が100％保証される（つまり，ボールを奪い合う必要がない）場合には，プレイヤーは〈ボールの進行〉に専念して課題解決を図ります（図3-1の(a)）．

一方，〈ボールの確保〉が不確定で，しかも相手方からの直接的な妨害がある場合には，個々のプレイヤーは，〈ボールの確保〉と〈ボールの進行〉にバランスよく努力を配分しながら相手とのせめぎ合いで優位に立ち，ボールの移動を果たそうとします（図3-1の(b)）．

対して，境界（面）を挟んで相手方と試し合う場合には，〈ボールの確保〉と〈ボールの進行〉を周期的に交代（＝循環）しながらボール移動を試みます（図3-1の(c)）．なお，このタイプの課題解決には，個人内で一体的に行われるものと，集団内で手分けして行われるものがあります．

次に②においては，移動者（＝走者）となることを目指すプレイヤー（＝打者）が，投手による〈ボールの進行〉から捕手による〈ボールの確保〉の過程に介入し，ボールをフェアゾーンに移す（＝打撃）ことで〈ボールの確保〉を不安定化し，その隙に乗じて移動を開始することを試みます．他方，〈ボールの確保〉を果たした側は，走者を標的に〈ボールの進行〉を図り，先回りや追尾によってボールを走者にタッチすること（＝アウト）で進塁を防ごうとします（図3-1の(d)）．

4 ボールゲームの眺望

以上の考察から導かれるのは，特定の種目の内部のみで使われている言葉（技術・戦術の

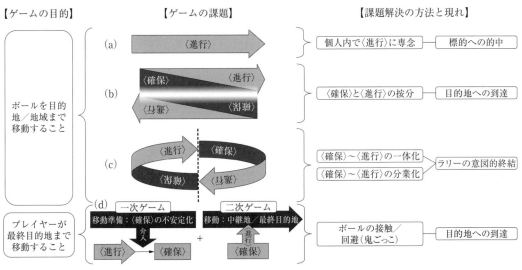

図 3-1　ボールゲームの構造

名前）を持ち出してその種目を他と識別しようとしても，その種目の「正体」に迫ることはできないということです．それどころか，種目という「ゲームの世界の切り分け方」自体，あらかじめ客観的に確定しているわけではなく，「いま・ここ・私たち」が主体的に意味のまとまりを見出すことを通じて立ち上がってくる（＝ゲームになっていく）ことも強く示唆されます．

さらに言葉を加えるならば，現行の「ゴール型」，「ネット型」，「ベースボール型」という類型は，指導内容（教え学ばせようとするスポーツの文化的価値）を導く名称としては残念ながら言葉足らずではないかということです．子どもは体育授業で，「ゴール」や「ネット」ではなく，ゲーム中のさまざまな行為（技術・戦術）に埋め込まれた〈確保〉や〈進行〉という「意味」に触れるのです．ゲームの目的・課題・解決方法を押さえることは，「ゲームとは何か」を広く見渡す立ち位置を子どもに準備します．そして何より，こうして種目の個別理論を超えた一般理論のレベルでゲームを眺望する道が拓かれることが，体育授業の現場で多様な球技種目を扱う教師たちに対して，ボールゲーム領域でどのような指導内容を用意し，またその習得を促す教材や指導法をどのように設定すべきか，という点について有益な示唆を与えるでしょう．

注
1) ボールゲームの中には，「攻防に分かれて」には当てはまらない，ゴルフやボウリングなども含まれていますが，差し当たって，体育授業で多く取り上げられる種目について考えていくことにします．
2) 走者がアウトになるケースとして，①保持したボールで直接走者に触れる「タッチアウト」と，②走者の先回りをしてボールを確保することでアウトが確実に見込まれる情況をアウトと見なす「フォースアウト」があります．

文献
林　修・後藤幸弘（1997）ボールゲーム学習における教材配列に関する事例的検討―小学校中学年期に配当する過渡的相乱型ゲームを求めて―．スポーツ教育学研究，17(2)：105-116．

稲垣安二（1989）球技の戦術体系序説．梓出版社：千葉，p.4．

佐藤　靖・浦井孝夫（1997）「球技」の特性と分類に関する研究―中学校学習指導要領の分析を中心に―．スポーツ教育学研究，17(1)：1-14．

シュティーラー，G.・コンツァック，I.・デブラー，H.：唐木國彦監訳，長谷川裕・谷釜了正・佐藤靖訳（1993）ボールゲーム指導事典．大修館書店：東京．

高橋健夫（1993）これからの体育授業と教材研究のあり方．体育科教育，41(4)：18-21．

コラム1　　　　　　　　種目を学ぶことから解放されませんか？

　現在，学校体育のボールゲーム学習では，「ゴール型」，「ネット型」，「ベースボール型」という各類型別に，学ぶべき内容が示されています．各型では，学ぶべき内容を典型的に含む代表的な種目が例として取り上げられています．「ゴール型」では，攻撃側がボールを最終的に運ぶ場所（ゴールやエリア）が指定されている種目が含まれ，「ネット型」では，攻防双方が対峙するためのネットを有する種目が含まれ，「ベースボール型」では，ソフトボールが学ぶべき具体的な種目として焦点付けられています．このことは，内容優先での学びを志向しているものの，実際には，ボールを運ぶ場所の形状やネットの有無などが前提として内容が構成されており，結果として種目優先での学びから脱却できずにいるという現状を否定できないとも考えられます．

　ところで，体育授業におけるボールゲーム学習では，ゲームに参加する攻防のチーム・個人が，〈結果に至るまでの過程〉において，どのようなことを考え，その課題解決のための合理的な動きを具現化することが大切であると言えます．つまり，授業づくりでは，当該ボールゲームの解決するべき課題を明確にすることが優先されるべきであり，この手続きはゲーム観察の新たな視点を提示する可能性を示唆しています．

　例えば，「ゴール型・ラグビー」では，防御側の解決するべきゲーム課題は，〈ボールの位置を基点〉として，攻撃側のボール保持者を前進させないよう，防御ラインを構成・維持・再構成することであり，最終的には攻撃側からボールを取り返すことが目的とされます．具体的には，複数の味方と協同しながら，相手側ゴールラインと平行になるよう均等に位置取り並び，防御ラインを構成しつつ，攻撃側のボール保持者らの移動に対しても，ひとたび構成した防御ラインを容易に崩さないことが目指されます．一方，攻撃側の解決するべきゲーム課題は，〈ボールの位置を基点〉として構成される防御側の防御ラインを突破し，相手ゴールラインを越えたエリア内にボールを接地させることが目的とされます．具体的には，セットプレイ場面（スクラムなど）やボール争奪場面（モール・ラックなど）を起点として，攻撃の方向やスピードの転換を含む「攻撃の意思決定者（主に

スタンドオフ）の動き」を起点として，防御ラインを意図的に崩す（相手の並び方を狭め広げる）ことが目的とされます．そのために，攻撃プレイヤーは，ボール保持者となる意思決定者の後方空間の活用（攻撃ラインの構成）を通して，均等に立ち並ぶ防御ラインへの接近移動を伴いながら，課題解決が目指されます．つまり，ラグビーは，対峙する攻防は〈ボールの位置を基点〉として構成される防御ラインを挟み，基本的に「あっち」と「こっち」に攻防が完全に分離され行われていると言えます．

　攻防が分離されている種目の代表格として，「ネット型・バレーボール」が挙げられます．バレーボールの攻防双方のゲーム課題を確認すると，防御側は，ネット上の空間に，相手コートからのボールを通過（突破）させないことが最大の課題といえます．また，攻撃側は，相手コートに対して，ネット上の空間にボールを通過（突破）させることが「第1の課題」であり，その後，相手コートにボールを接地させることが「第2の課題（得点）」となります．このバレーボールのゲーム課題は，上述した「ゴール型・ラグビー」に，似ているとは言えないでしょうか．ラグビーの防御課題である「相手側ゴールラインと平行かつ均等に位置取り並ぶ防御ライン」を「動くネット」と見立てれば，学習者の課題解決のための具体的な動きは，概ね同義であると言えます（例：ブロッカーがネット至近で横並びに位置取る）．また，ラグビーにおける攻撃のスタンドオフの役割は，バレーボールにおけるセッターの役割に該当すると言え，加えて，セッターに応対する味方の動き（例：ネットに接近しながらのアタック行動）は，ラグビーにおけるスタンドオフに応対する味方の「デコイ（おとり）ランニング」の動きと同義であると言えます．

　本コラムでは，「ゴール型・ラグビー」と「ネット型・バレーボール」を対象として，学習者が直面するゲーム課題を起点として動きのレベルに至る学習内容の捉え直しを行いました．類型に囚われない同様のアプローチは，ボールゲームの観察評価の視点を広げ深める一助になるように考えます．改めて，種目を学ぶことから，一度，解放されてみませんか？

第4講　ボールゲームの攻防

1　ボールの移動をめぐる競争

「ボールを媒体とする成否の不確定な試し合い」として行われるボールゲームでは，成否（勝敗）の行方を占う上で，ボールの移動のありようが重要な手がかりになります．ボールを確保した側にとって最も手っ取り早いのは，そのボールを真っ直ぐに，最短時間で最終目的地に到達させること，すなわち「直進」することです．しかし，そこにはそれを阻もうとする相手がいたり，ネットなどの物理的条件が作用したりするのが常なので，思うように直進できないことが多々あります．それでもボールを目標方向に近付けようとすれば，直進を断念して回り道（迂回）をすることによって，移動を阻んでいる障壁を乗り越えて進む必要があります．図4-1はこのような局面を単純化した，直進と迂回の基本モデルです．

確保したボールを最終目的地に移動するために直進しようとする試みは，相手方が対抗してきたり，あるいはボールがネットに引っかかったりすることによって進行を阻まれます．鈴木ほか（2003）は，このような阻害要因を「防御境界面」と総称しています．ボールを目標方向に近付けていくためには，この防御境界面を何とかして「突破」しなければなりません．その方法は，①ボールと人が一体となって移動する「持ち運び」と，②ボールだけを放出して受け手や標的に移送する「送り受け」に大別されます．

ここで，①は一般に「ランプレイ」などと呼び慣わされていますが，本書では，単に走るのではなく，ボールと人が一体となって移動することを明示するために，あえて「持ち運び」と表記しています．この場合，相手方には「持ち運び」を阻むために直接的な身体接触（タックルなど），またはそれに代わる方法（タグを取るなど）が一定程度認められています．

一方，②は一般に「パス」と呼ばれますが，ここには直ちに思い浮かぶ「仲間へのパス」ばかりでなく，「ゴールへのパス＝シュート」や「自分へのパス＝ドリブル」など，さまざまなケースも含まれるので，これらを包括するために「送り受け」と表記しています．いずれにせよ，ボールが人から離れた状態で移動するので，これを阻むためにボールにアクセスすることは認められますが，相手への身体接触は基本的に禁じられています．

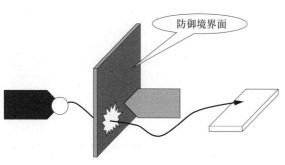

図4-1　防御境界面の突破

ボールを確保するために相手が「送り受け」しようとするボールを横取り（インターセプト）することは許されますが，直接的な身体接触は認められていません．

以上のように，ボールの移動は「防御境界面の突破」をめぐる競争の果実として現れてきます．種目（目に映るゲームの姿）は異なっても，どれも同じようなことが試し合われていることに違いはありません．

2 防御境界面の層構造化

前節で示したように，ボールの移動を目指す試し合いでは，相手方が形づくる（または物理的条件による）防御境界面を突破することが重要なポイントとなります．とはいえ，防御境界面を1回突破しただけで試し合いが決着（勝敗が決定）することはまれで，多くの場合，複数の防御境界面が層をなして立ちはだかり，いわば「危機管理」の態勢でボールの移動を阻もうとします．

例えば，バスケットボールで防御境界線を層状に形成した人員配置を「1線，2線，3線」と呼ぶことは広く知られています．サッカーでも同様の考え方で，いわゆる「高い（ゴールから離れた）位置」からボールの移動阻止（確保）を図り，オフサイドラインを越えた「危険地域」にボールが持ち込まれること

を早い段階で抑止しようとします．また，ラグビーではボールを持った走者の突進に対して，最初のタックルで止められなくても，2人目，3人目が次々と立ち向かい，陣地の後退を最小限に止めようとします．同様に，バレーボールでは相手のアタックを最前列のブロックで封鎖しようとしますが，その後方にはレシーバーが控え，ブロックを抜けてくるボールを失わないようフォローします．あるいは野球では，捕球者が打球や投球を捕り損なうことに備えてバックアップに入ります．

これらの事例から示唆されるのは，複数の防御境界面が形成される場合，ボールの移動を試し合う二者のせめぎ合いが最も激化する局面（鈴木ほか〔2003〕はこれを「最大防御境界面」と呼んでいます）が顕著に現れるのに伴って，ここを基準として危機管理のために前方や後方にも防御境界面を形成し，手分け（分業）してボールの移動に備えることで，防御境界面が層構造化していくということです[1]（図4-2）．

3 攻防とは何か

第3講で述べたように，ボールゲームを「個人または集団がチームをつくり，攻防に

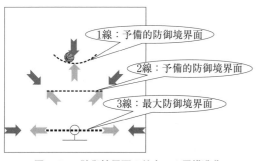

図4-2A　防御境界面の前方への層構造化

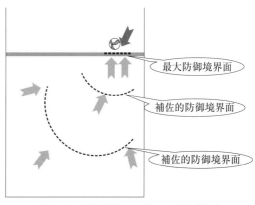

図4-2B　防御境界面の後方への層構造化

分かれて1個の球体か球状あるいはこれに代わる物体を係争物にし，得点を競うスポーツ競争」（稲垣，1989）と捉える見方は，確かにボールゲームの特徴をよく言い当てているように思われます．実際，学習指導要領においてもこのような理解を前提に，ボールゲームを扱う授業の内容として，「攻めや守り」，「攻防」あるいは「攻撃や守備」といった文言が，小学校低学年から高等学校に至るまで端々に登場します．と言うのも，どんなゲームであれ必ず二手に分かれて行われるので，勝敗を決定付ける「攻めと守りに関する課題」を解決するためには，「ボール操作」と「攻めや守りの動き」を身に付けることが最も重要なポイントであると考えられるからです．

　しかし，ここで「型ゲーム」が登場した背景には，個々の種目間を分断している「壁」を乗り越えるために，種目横断的な球技の一般理論を打ち立てようとする機運の高まりがあったことを思い起こす必要があります．長らく当たり前のように思われてきた「種目を教える」という考え方に代わって，ゲームという可視的・個別的・具体的な事象の数多に通底するような「原理」を指導内容の中軸に据える考え方に光が当てられるようになったのです．このことを踏まえると，「動き方」という，いわば「目で見て確かめることのできる姿・形」を持ち出して指導しようとすれば，具体的な個別種目を避けて通ることはできません．

　ところが，各種目の攻撃や防御に関する言説をいくら詳しく検索しても，もともとの議論が種目の個別理論を土台としている限り，検出されるのはその種目に専門特化した「動き方」ばかりです．バスケットボールの「守り方」を学習しても，それをバレーボールに使うことはできません．これでは，ボールゲームの攻撃や防御とは何かについて，「あのゲーム」にも「このゲーム」にもよく当てはまる説明を引き出すことはできません．少なくとも現状においては，攻撃や防御という言葉が個別種目の仕切りを乗り越えて，学習指導要領における「型」や，ひいては球技全体を貫く「ものの見方」として活用される兆しは感じられません．

　そこであらためて原点に立ち戻って考えてみると，そもそもゲームにおける攻撃や防御とは，あるプレイヤーの行いが相手方に及ぼすところの作用（機能）であって，行為それ自体を指すものではないことに気付きます．例えば，バレーボールでネット越しに飛来するボールは，それを失うことなく確保しようとする側の情況（技能レベルやゲームの文脈等）次第で，ある時には「相手からの厳しい攻撃（ピンチ）」として，また別の場面では「相手に反撃を加える好機（チャンス）」として目に映るでしょう．同様の事例が他のあらゆる種目でも数多く見られるであろうことは，容易に察しがつきます．このような事態は，攻撃や防御とは統一的・一義的に記述される客観的真理のようなものではなく，試し合う者たちの主体的条件によってそのつど形づくられる関係性（両者の間で分かち持たれる認識）であることを端的に示しています（鈴木，2018）．つまり，何かを「する」という行為自体ではなく，その行為が相手にどのようなインパクトを与えるかという「効き目」を帯びることで攻撃や防御「として」働くのです．

　このような立場からすれば，攻撃や防御とは何かを言い当てる客観的真理の存在は却下されます．とは言っても，実際に現場でゲー

ムをプレイする人々によく当てはまり，当事者たちからも支持される見解を取り出すことは，十分に可能と思われます．

　例えば，バレーボールのゲームで，レシーブ〜トス（セット）〜スパイクの連係（いわゆる「三段攻撃」）に成功して歓声が上がる場面を想定してみましょう．そのようなシーンを「バレーボールらしい」と評することは否定しませんが，ここで言う「らしさ」とはどこからやってくるのでしょうか．「三段攻撃」以外に，その「らしさ」に触れる道（オプション）はないのでしょうか．

　ここで，もし「らしさ」の根拠をバレーボールという個別種目に求めるのであれば，そのような発想は今日の「型」による指導の考え方とは逆行することになりかねません．むしろ，ボールゲームの授業で用意されるべき指導内容の中核は，「らしさ」の多様性ということではないでしょうか．確実なレシーブから正確なトスが上がり，強烈なスパイクをたたき込む……わけではないけれどもバレーボールと同じような仕組みを備えている，そのような（バレーボール風の）ゲームが存在し，しかも参加者たちに十分楽しまれているという事実を知り，理解することは，子どもたち

が生涯にわたってボールゲームと向き合っていくための重要な学びになるでしょう．

　なお，誤解のないようお断りしておきますが，本書は「三段攻撃によるラリーを展開する」といった類の授業目標を否定しているのではありません．誰が行うどんなゲームであれ，ボールを媒体として互いにしかけたり応じたりして試し合う中で，いかにして「情況の操作」を優位に進めるかを問題化する指導，言い換えれば「効き目」という視点からゲームを見つめ，その発展を支援していくような指導が必要ではないかと訴えているのです．

注
1) ただし実際のゲームでは，相手の出方に応じて最大防御境界面の現れ方は異なってくるので，層構造の形成はあくまで相対的なものです．

文献
稲垣安二（1989）球技の戦術体系序説．梓出版社：千葉，p.4.

鈴木　理（2018）球技における攻撃と防御の認識論的検討．体育・スポーツ哲学研究，40(1)：25-33.

鈴木　理・土田了輔・廣瀬勝弘・鈴木直樹（2003）ゲームの構造からみた球技分類試論．体育・スポーツ哲学研究，25(2)：7-23.

第5講　ボールゲームの戦術

① 相手との関係に応じた「傾向と対策」

第2講では，「関係づくり」の大切さについて述べています．ボールゲームの学習では，ゲームと関係ないところでドリブルやパス，シュートの「動きづくり」をやっても，ゲームになると途端に邪魔をしてくる対戦相手が出てきたり，動き回る味方にパスのタイミングが合わなかったりと，困ったことがたくさん起こります．もちろん，ボールの大きさや重さに慣れておくことはケガの予防から考えても大切なことなのですが，器械運動の技と異なり，ボールゲームのパスやシュート，ドリブルには，決まった形があるわけではありません．したがって，あまりに時間をかけて「動きづくり」をやるより，少しでも早くゲームの中に学習者を入れてあげるほうがよいと思います．

そして，もっと「関係づくり」に時間を割くべきだと主張する理由は，近年の学習観の変化（構成主義・構築主義)[1]に対応したいからなのです．先に結論を言ってしまうと，学習というのは，やっていることの意味がわかる（構成されていく）ようにしていくべきなのです．逆に言うと，「（意味がわからなくても）いいから，とにかく練習しろ」というのは避けるべきなのです．

この「関係づくり」をチーム対チームの駆け引きと捉えると，相手Aチームがaという

戦い方をやってきたので，こちらBチームはbという戦い方をしよう！という具合に，相手の傾向aを見て対策bを立てる，というサイクルが，まさにチームという集団レベルの「関係づくり」と言えます．

未熟練者どうしのサッカーやバスケットボールなどで，はじめはお互いにボールに群がるダンゴ状態が見られることがあります．あなたの眼前でも同じ状態が起きているとしましょう．しかし，Aチームの誰かが，ダンゴから離れてゴール付近で待ち伏せ作戦をするようになりました（傾向a）．Aチームはダンゴ状態からボールを奪うとロングパスで待ち伏せしている仲間にボールを送り，やすやすとゴールを決めるようになりました．この傾向aを見たBチームは，相手の待ち伏せに一人だけ妨害者を密着させてパスを妨害するという作戦を考えました（対策b）．こうすると，妨害者という役割をもらった子は，自分のやるべきお仕事（ロングパスの妨害）が明確になったので，コートに入って生き生きとプレイしています．時々相手のロングパスをカットすると，仲間から盛大な拍手と歓声をもらって，得意顔です．こんな風に，自分の役割が明白になるとプレイしやすくなりますね．後の第7講でも触れますが，役割を決めるということは，その人がゲームの中でやることを明確にするという点で非常に重要であるばかりか，逆にやらないでもいいこともわかってくるので（体育授業はこのような「引き算

の論理」が大切です）、ますますいろいろなことに注意を割かなくてもよくなり、初心者にとってもプレイしやすい環境をつくることができます。

ところで、Aチームもまだ負けていません。ロングパスは手っ取り早いのだけれど、どこにボールが到達するかを相手にも予測されてしまい、カットされやすいパスだとわかりました。これは、自分たちがやっていること（ロングパス）の意味を再構成するということになります。はじめに、Aチームにとってのロングパスは、素早く楽に攻めるパスという意味でした。しかしながら、そのロングパスは、相手のBチームにとっても「投げるところを予測しやすいパス」ということを意味してしまいました。だったら、パスをいったん真ん中あたりで中継して、そこからどこにパスを出すかを選択させようと思い付きます。加えて、前で待ち伏せする人を左右2人用意して、パスの到達地点を予測しにくくしようという作戦を立てます。

ここで重要なことは、Aチームが、Bチームとの駆け引き（関係づくり）をしているうちに、自分たちがやっている作戦の意味がわかっていく（構成されていく）ということです。加えて、個人のレベルを見ても、Aチームで待ち伏せ役を担当しているXさんが、パスの妨害役のYさんと駆け引き（関係づくり）をしながら、自分の行為の意味を構成しているということが大切です。Xさんは、ゴールのすぐ近くに立っているというだけではYさんの妨害を受けやすく、パスが受け取れないことがわかりました。そこで、Yさんの気を引いては反対側に動いたり、動きだけでは足りないのでYさんの背後に回り、視野から消える「かくれんぼ」をしたりするなど、「ボー

ルを持たないとき」にも、工夫することの意味がわかっていきます。

従来、体育の学習というと、目に見える「動き」をつくるためのトレーニングと考えられていたふしがありました。これには、そもそも体育というものが、体操を中心に発展してきたということと、部活動という文化が大きく影響したのではないかと考えられます。「動き」ができなかったら、できるまで繰り返し試行するという行為は、部活動のように毎日練習する時間があれば、よいのだと思います。したがって、ボールゲーム関係の部活動の練習というのは、基本的な個人のボール扱いやフットワークなどの「動きづくり」をやって、少人数の分解練習をやって、徐々にフルゲームに近付けていきます。私も部活動を指導しているときはそうしました。このパターンを、ボールゲーム学習の典型的なパターンとして経験した人が先生になると、体育授業でもこのパターンを使って単元を構成しがちなのです。基礎から応用へ、というわけです。人間って、自分が教わった通りに教えたくなってしまうのですよね。

しかし、絶対的に時間が少ないのが体育授業です。体育授業で何か練習しようとすると、1単元当たりおよそ200分しか時間をかけることはできません。1単元10回前後の授業で、ボールのもらい方（「ボールを持たないときの動き」）を練習させたとしても、その練習に割ける時間は、45分あるいは50分の授業のうちせいぜい20分／単位時間です。1単元が10回だとすると、最後の2〜3回はゲームが中心になり、練習の時間はなくなるでしょう。仮に最後までこの練習時間を入れたとしても、合計で200分しかありません。部活動であれば1日2時間の練習のうち20分を基礎練習、

23

それを週に5回練習するとして、毎週100分練習できると考えると、2週で終わってしまう時間です。例えば中学校の部活動で、新入部員が2週間で基本的な動きを習得してゲームで実力を発揮しているなんて、あり得ますか。ある中学生を対象とした学外のバレーボールクラブで、中学1年生がゲーム中に適切な行動ができるようになるまで、実に173時間かかったという調査報告もあります（松枝、2019）。このクラブでは、週3回練習で、練習時間は1回当たり90分です。

個人の「動きづくり」であれば、自分の内観としっかり向き合い、試行錯誤しながら自分なりのカンを働かせることが重要なのは言うまでもありません。しかし、ボールゲームの場合は、「動き」そのものをホワイトボードに線で示してその通りに動こうとしても、ゲームの中では、対戦相手や味方のプレイヤーとの関係（駆け引き）で「動き」を変化させねばならないので、他者との関係を想定しない「動きづくり」には、あまり意味がないということになります。

ここまで書いて、「ボールを持たないときの動き」をトレーニングさせるでもなく、「ボール操作」をトレーニングさせるでもなく、いったいどうやってゲームをさせればいいのかと疑問に思う人もいるかもしれません。そもそもみんなパスが受けられないじゃないか、それじゃゲームにならないでしょうと。あるいは、自分の受け持つクラスの子たちは、そんなに技能レベルが高くないので、無理ではないかと思う人もいるかもしれません。

しかし、みんなが初心者だったら、是非ダンゴ状態からゲームをさせてあげてください。ダンゴにはダンゴの意味があります。みんなが初心者なら、ボールの確保がおぼつかない

ので、ボールがこぼれてくることが頻繁にあります。だったら、みんなでボールを追いかけ回したほうが、ボールを確保できる確率が高まります。

しかし、やがてダンゴから離れていく者が出てきます。ボールがあまりに速く動くようになると、ボールに追い付かなくなるからです。だったら、ボールの近くにいる人が追いかければいいじゃないかと思う子が出てきます。このように、人と自分は違う立場にあると考えることが、「役割」という考え方の始まりになります。「あの子が取りにいくなら、私は取りに行かないでこちらで待とう」というのは、人の都合で自分の行為を決めているので、「関係づくり」をしていると言えます。

本書で「関係づくり」と主張しているのは、こういうことです。名前の付いた格好いい技術や戦術をやらなくても、「あの子と自分は違う役割なんだ」という関係的な意識をつくることが、ボールゲーム学習の中核と言えます。

実際に、大学生の体育授業でダンゴ状態がどのように解消されていくかを調査した面白い研究があります（上原ほか、2019）。

この研究の面白いところは、ダンゴ状態というのは、厳密には定義できないので、人が①「ボールに近づく理由」と、②「ボールから離れる理由（ボールに近づかない理由）」という2つの理由に置き換えて考えたところです。もしコート上のプレイヤーが全員、①を極端に行えば、外から見る人にはダンゴ状態に見えるでしょうし、少しでも②を意識するプレイヤーがいれば、ダンゴ状態は解消に向かうでしょう。したがって、「これはダンゴ状態なのか」と定義に苦しむより、ゲームを動画撮影した後、その動画の中で、ある人がボー

ルに近付いていくように見えたら，その対象者に動画を見せながらインタビューして，近付いた理由を語ってもらい，同様に，ボールから離れていくように見えたら，その理由もインタビューで語ってもらうという方法を取りました．ある程度語る能力が必要になることから，大学生で熟練度が低い人からなるバスケットボールの体育授業で，調査を行いました．

すると，ボールに近付かない理由（ボールから離れる理由）として挙げられたのは次の6つの意識でした．

① 人に対する守備意識
② 攻撃意識
③ 関係的攻撃意識
④ 関係的守備意識
⑤ エリア的意識
⑥ 苦手意識

はじめの①「人に対する守備意識」というのは，ボール保持者以外の攻撃者に対する守備意識です．とにかくＡさんを守る！と決めてしまうと，そのＡさんがボールから遠ざかれば，自動的に守備しようとする人もボールから離れていくように見えますね．

②「攻撃意識」とは，ボールから距離を取りパスコースをつくり攻撃しようとする意識を指していました．

③「関係的攻撃意識」は，自分とボール保持者および他のプレイヤーとの関係を見てプレイしようとする意識です．

④「関係的守備意識」は，③と同じなのですが，それを守備に生かそうとする意識です．

⑤「エリア的意識」とは，限られたエリアに固執したり，チームでそこを割り当てられて，そのエリアから出ないようにしたりする意識です．ボールに付いて行きそうになって

も，割り当てエリアを確認してそこに戻ろうとすると，ボールから離れて動くこともあるわけです．

⑥「苦手意識」は，単純にボールゲームが苦手で，ボールから離れていたほうが得策，という意識です．

②と③，④はどれも本書で言う「関係づくり」で，その違いは，対象がボールなのか人なのかという点に過ぎません．

② 名前の付いた技術・戦術

各種のボールゲームでは，ボール操作や集団での計画的な動き等の「名前が付いた技術・戦術」が開発され，めざましい発展が見られます．第4講で取り上げたバレーボールの「三段攻撃」や「時間差攻撃」などは，その例ですね．しかし，当該の種目のスペシャリストたちが高い個人的資質や専門的知識，たゆまぬ日々の努力によってつくり上げた「名前が付いた技術・戦術」の世界を形だけ味わおうとしても，それらを用いるプレイヤーの実態と合わなければ，その技術・戦術は使いこなせません．

しかしながら，どの種目も現代に使用されている名前の付いた技術・戦術が開発される前の様相が存在したはずです．例えば，バスケットボールは開発当初から，しばらくディフェンス偏向期が存在したことが知られています（三輪・佐々木，1960）．ディフェンス偏向期＝ディフェンスのやり方のほうが先に発展した，つまり，その筋のスペシャリストをもってしても，ボール操作が関わる技術・戦術開発には時間がかかったということです．ボールがなくても知恵を絞れば守りはできますから，しばらくはみんな守りを工夫したのでしょう．

25

あるいは，歴史というものが，そもそも名前が付いた技術や戦術の開発順序やその開発された諸要因を，特定の研究者等が大事だと思った場合に取り扱うものなので，それ以外の戦い方がなかったように錯覚してしまいがちです．しかし，現実には技術・戦術に名前が付く前から，ゲームのほうが存在していたはずです．歴史研究にはそういう限界があるということを承知していただいて，以下読み進めてください．

　初期のサッカーでも，パスで華麗に防御を突破したのではなく，ドリブリングゲームといって，攻防がダンゴ状態になっていたゲーム様相が表れています．ダンゴ状態だったということから，メッシ選手のような，華麗な突破でないことは明白です．その後，オフサイドルールの一部緩和や，ボールの改良，選手の技術や体力の向上が進んで，後方からのロングキックを用いて敵陣にボールを蹴り込んだ後，大勢で一気に突進するという攻撃法，キック・アンド・ラッシュが出現します．FA (The Football Association) 結成と統一ルールの制定を 1863 年とし，キック・アンド・ラッシュの"ラッシュ"に対応する分業システムである三層システム「1-2-7」ができ上がってくるのが 1880 年頃とされているので (須佐, 1987)，この間，17 年程度はダンゴ状態のゲームが見られた可能性があります．人と人との狭い間をパスで突破していくことが困難であったときに，当時のプレイヤーたちは，とにかくロングキックでボールを前に運び，どさくさに紛れて突進し，ボールをゴールに押し込んだということでしょう．

　学習者の実態に寄り添うとは，このように，技術や戦術が十分に発達する以前の様相を重視する，つまり，無理に解消する (ボール操作技術のトレーニングをする) というより，このゲームの様相をたっぷりと味わわせてあげるという発想が大切だと思います．なぜなら，必要感に迫られて次のステップに移行したほうが，やっていることの意味がわかるからです．

　お互いに高度なボール操作技術が身に付いていないのであれば，みんなでボールを取りに集まったほうが，こぼれ球を拾えるかもしれませんよね．要するに，「お得」なんです．そして，ボールゲームの世界では，初心者からプロまで，みんな自分たちにとって「お得」なことをやっているだけなのです．繰り返しますが，プロだって「お得」だからやっているだけの話で，失敗するとわかっている戦術を繰り返すような愚かなことは絶対にしません．

　この初期の頃のゲーム発展を知らなかったり，現代的なゲームで使用されている名前の付いた技術や戦術の習得こそが学習内容と勘違いする先生が多く (専門と言われる人は競技の世界に慣れ親しんでいるのでなおさら)，学習者が楽しめたり，貴重な気付きが生まれ意味が構成されたりする段階を飛ばしてゲームをつくろうとしてしまうのではないでしょうか．

　熟練度が低い体育の学習者にとって，人が密集しているところを，ボール操作とボールを持たないときの動きで華麗に突破していくことはかなり厳しくなります．バスケットボールであっても，キック・アンド・ラッシュに似た戦術，すなわち，膠着状態になったら，とりあえずシュートを打ってしまって，リバウンドになだれ込むなどの，いわゆる泥臭い戦術が効果的になるでしょう．2023 年夏に，沖縄でバスケットボールのワールド・カップが開催されていました．日本男子チー

ムはアジア最高位を獲得して，見事，2024年パリ開催のオリンピック出場枠を勝ち取りましたが，日本チームが採用した戦術は，3点シュートを打てるだけ打つというものでした．2 m を超える諸外国の大男たちの間を突破してゴールに近いところからシュートを打つより，まず，3点シュートです．やっていることの意味，何となくわかりませんか．彼らが3点シュートを多投して勝つ姿に直面した日本人は，やっていることの意味をあらためてかみしめたのではないでしょうか．

バスケットボールなどのゴール型（ゲーム）の授業では，空間に走り込むなどして，ゴール付近の攻防を重視するような指導が推奨されているように見えますが（文部科学省，2017），平尾（2023）が指摘しているように，率直なところ，体育で「ボールを持たないときの動き」を含めたパスプレイを技能習得させるには，体育授業はあまりにも時間が少なく，無理があると思います．競技としてボールゲーム指導に取り組んできた私から見ても，そんな魔法（短時間で「ボールを持たないときの動き」あるいは「ボールを受けるための動き」を習得させる方法），があれば，とっくに競技の世界に取り入れられているはずだと思います．

例えば，授業ではなく，ミニバスケットボールの指導者に聞けばわかるはずです．チームに入ったばかりの初心者に，1回当たり20分×10日でボールを持たないときの動きを指導して，みんながゲーム中にパスを受けられるようになると思いますか．加えて，忘れてはならないことですが，周りのディフェンスのレベルも同じように上がっていくのであれば，このような練習はずっと行い続けていくものだと思います．事実，私は大学生の部活動を指導しているときに，年中，こ

のような練習をさせていました．

そして何より，バスケットボールやサッカーなどのボールゲームは，生涯スポーツとして大人になってからも実施されると，本気で想定してよいでしょうか．このあたりの考え方は後にまた触れるとしても，この小中学校段階で身に付けた「動き」は，大人になってからはあまり役立っていないようです（スポーツ庁，2022）．部活動で取り組んだ種目でさえ，大人になってから継続されているかどうか疑わしいのです（澤井，2014）．だから，ボールゲームの単元で，緻密な技能評価を採用することにどれほどの意義があるのか，私にはわかりません．

注
1）構成主義とは，教育においては，子どもたちが，ある対象について彼ら自身の意味をつくっていく（構成していく）ように教育すべきだ，という考え方を指します．この考え方に近いものに，構築主義とか，社会構築主義という言葉もあり，本書の著者らは，この社会構築主義に近い考え方です．

文献
平尾　剛（2023）なぜ「体育の授業で運動が嫌いになった」「大人になってスポーツが楽しい」という人がこれほど多いのか―「できなさ」ばかりを強調する学校体育の大問題―．PRESIDENT Online, https://president.jp/articles/-/71339,（参照日 2024年7月25日）.

松枝公一郎（2019）中学校学習指導要領解説保健体育編におけるネット型の例示は実現可能なのか．教師教育と実践知，4：55-62.

三輪守男・佐々木茂（1960）バスケットボールの発明発展に影響を与えたと思われる諸要因について・第3報．体育学研究，5(1)：16.

文部科学省（2017）小学校学習指導要領（平成29年告示）解説　体育編，pp.121-122.

澤井和彦（2014）運動部活動への参加が成人後の運動・スポーツ活動に与える影響―「運動習慣の持ち越し」は存在するか？―．体育の科学，

64（4）：248-255.

スポーツ庁（2022）令和4年度「スポーツの実施状況等に関する世論調査」（令和4年12月調査）. この1年間に行った運動・スポーツの種目 上位20位 抜 粋. https;//www.mext.go.jp/sports/content/20230323-spt_kensport01-000028572_5.pdf,（参照日2023年9月11日）.

須佐徹太郎（1987）近代サッカーの技術史研究の方法論に関する考察（2）—イギリス初期サッカー史研究から—. 立命館大学人文科学研究所紀要別冊, 5：83-112.

上原まどか・土田了輔・榊原 潔（2019）バスケットボールにおけるプレイヤーの密集メカニズムに関する研究. 教師教育と実践知, 4：45-54.

第6講　ボールゲームのルール

1 ルールが生み出す〈試し合い〉の世界：構成的ルール

　私たちがルールと呼ぶものには，決まり，規則など，多様な意味があります．一般に，スポーツのルールというと，競技規則を思い浮かべることと思います．

　この第6講のメインテーマも競技規則なのですが，はじめにちょっと立ち止まって「ルール＝決まり」について考えてみましょう．ボールゲームで対戦する2つのチームの間，つまりチーム「間」の決まりと考えると，競技規則を指すことになるでしょう．しかし，目線を少し変えてみて，チームの仲間どうし，つまりチーム「内」の決まりと考えると，それは戦術とか規律を指すことになると思います．近年ではよくディシプリン（discipline）という横文字が使われますが，チームが混乱したときに，このディシプリンという決まりに基づいて行為をしていくという話を時々聞くようになりました．目に見えないけれど，チームの規律を整えるときに参照されるのが，チーム内の決まり，つまりディシプリンなのですね．例えばサッカーなどでは，「ボールを奪われたら即座にプレスをかけて奪い返す」といった単純なルールが共通理解されていると，そのチームはとても強いと聞いたことがあります．どうやって奪い返すかという細かい決め事ではないようですが，その場にいる選手たちが，即興とも言えるようなプレイで実行するようです．チームで共通理解がなされていないと，ボールを奪い返そうと前に出るプレイヤーと，戻ってゴール前を守ろうとするプレイヤーが出てしまい，防御のラインが間延びをしてしまうなど，上手く機能しないようですね．

　このように考えると，スポーツの場合，チーム「間」ルールは競技規則とかエートス（習慣）を指しますし，チーム「内」ルールは戦術を指すとも考えられます．

　さて，話を戻しましょう．本講のメインテーマは，チーム「間」ルール，すなわち競技規則のほうになります．競技規則，ルールというと，言語と行為の関係と捉えることができます．スポーツのルールをめぐる論では，言語哲学を方法的視座として用いる場合があります．例えば言語行為ということに焦点を当てたサール（John R. Searle）は，①規則には「○○をしてはならない」といった，個人間などの関係における，いわゆる禁止事項などを表す「統制的規則（regulative rule）」と②「○○をしたら，××と見なす」のように，何かを定義するような「構成的規則（constitutive rule）」の2種類があるとしています（サール，1986）．言語と言うと，言葉とか文章など，行為と呼ばれるものとは少し違うなと思った人もいるでしょう．しかし，サールは，言語を使用するということは，命令したり質問したりする一種の「行為」なのだと言っています．

このような考え方でいうと，例えば，ラグビーにおけるトライとは「相手のゴール領域内にボールを接地させること」と定義されていることが思い出されます．剣道をスポーツの文脈で語ると関係者に怒られるかもしれませんが，剣道における有効打突は，剣道試合審判規則（全日本剣道連盟）第2章第2節第12条に，「有効打突は，充実した気勢，適正な姿勢をもって，竹刀の打突部で打突部位を刃筋正しく打突し，残心あるものとする」とあります．私は剣道の竹刀に刃が付いているものを見たことがありませんが，続く第13条で，「竹刀の打突部は，物打を中心とした刃部（弦の反対側）とする」と定義されています．「○○とする」というような定義的な記述により，竹刀に刀の刃があるかのように見立てて，ただたたき合えばよいのではなく，竹刀の使い方に意味を持たせているのです．

このように，スポーツの世界には，何か特定の行為をわざわざ定義付けて意味を持たせることがあります．そうしないと，スポーツには，それだけ見ると一般の人には無意味な行為がたくさんあるからです．人間というのは面白いもので，人の行為を何らかの枠組みの中で見ます．そうしたときに初めて，相手がやっている行為の意味が解釈できるのです．こういった枠組みのことを，参照枠（frame of reference）と言います．

本節のテーマ「ルールが生み出す〈試し合い〉の世界」というのはまさにこのことで，「構成的規則」でいちいち行為に意味を持たせないと〈試し合い〉の世界は生み出されません．なぜなら，〈試し合い〉の世界は私たちが生活する日常世界とは少し異なるのですから．ボクシングや剣道は，競技規則をもって社会に合法として広く認められている文化

ですから，相手を段っても竹刀で打ち付けてもよいのですが，それらの行為を日常世界で行う，つまり通勤途中の駅前で，見知らぬ人に行えば，当然暴行罪で逮捕されますね．その際に参照される枠組みは，刑法です．

ちなみに，この日常と非日常との境目はあいまいで，北欧の国々にはマーシャルアーツ禁止法と言って，格闘技が法律で禁止されていたという歴史があります．ノルウェーでは2014年までボクシングは暴力と解釈され，禁止されていました．

そもそもボールゲームにおける得点の認定というのも千差万別ですね．ラグビーではボールを定められたエリアに接地するとトライになりますが，同じような楕円形のボールを扱うアメリカンフットボールでは，ボールを接地はさせず，定められたエリアでボールを保持することで得点が認められます．これはラグビーのトライとアメリカンフットボールのタッチダウンに関する構成的規則が異なるから，と考えることができます．しかし，日常世界で楕円形の革製品を地面に押し付けたり，持って走っている人を見かけたりすると，何をしているのか，さっぱりわかりませんね．

バスケットボールのシュートだって，ゴールと呼ばれる輪の中に，ボールを上から通過させれば得点となるという定義がなければ，どうせ入れてもネットの下からボールが繰り返しこぼれ落ちてくるだけの，無意味な行為に過ぎなくなります．

ギリシア神話にはシーシュポスの岩（The stone of Sisyphus）という逸話があります．これは神様を欺いたシーシュポスが，重たい岩を山の頂上まで押し上げるという苦役を指します．岩を押し上げて，あと少しで頂上とい

うところで，この岩は転げ落ちるそうなので，シーシュポスは永遠にこの苦役に従事しなければならなくなります．やっても無意味なことを指すのが，このシーシュポスの岩なのです．バスケットボールのシュートがこのシーシュポスの岩と言われないのは，「ゴール（得点）とは」という構成的規則があるからなのですね．もう何年も前になりますが，アメリカのある大学のバスケットボールチームのウェブサイトに，このシーシュポスのアニメーションが使われていて，笑ってしまいました．

これも余談ですが，バスケットボールには「ゴール・テンディング（goal tending）」という禁止行為があります．これはどんな禁止かと言うと，シュートされたボールが放物線を描いてリングに落下していく途中，ボールに触って妨害してはいけないという規則です．もし防御側のプレイヤーがこの反則を犯すと，ボールに触った瞬間に相手に得点が認定されます．ただ，これはボールがリングより高いところにある間に適用される規則です．私は，大学までバスケットボールをしていたのですが，高校生のときにこの規則の意味がよくわかりませんでした．それどころか，こんな判定は見たことも聞いたこともありませんでした．ところが，大学のバスケットボール部に入って練習中にレイアップシュートにいくと，どこから飛んで来たのかよくわからない先輩の手が，私のシュートしたボールを（リングの高さより上で）空中で触り，そのままバックボードに押し付けてしまいました．ボールが放物線の最高到達点を過ぎているかどうか，私にはわかりませんでしたが，4年間の部活動生活の中では割とあった出来事でしたので，禁止されている意味がわかりました．あの

ボールまで触れられてしまうと，私のシュートという行為は成立しなくなってしまいます．もう40年近く前の話ですが，あの頃でも2mを超えるような選手がいたのです．

いくつかの例を挙げて述べてきましたが，スポーツというのは，特定の行為に名前を付けて規則の中で意味を持たせます．そうすることにより，私たちの日常世界とは少し異なる行為の意味体系を生み出し，面白い試し合いをつくり出していると考えることができるのです．そして，意味を持たされた行為が日常の行為よりやりにくかったり，ほとんど使用されていない行為だったりすると，その行為を遂行する驚くべきスキルが生み出されていくとも考えられます．

ここでは，スポーツが日常ではあまり意味がないような行為を定義づけて面白い世界を作り出しているということでサールの定義を使いましたが，「統制的規則」，「構成的規則」という用語を厳密に区別するのは難しいという論もあります（松宮, 2022）．スポーツ哲学という分野では，サッカーで意図的にハンドの違反をして勝利するような現実的な問題も扱っているので，興味のある方は是非文献を当たってみてください．

② フリースローのルールはなぜ無視されるのか？

みなさんはストリートバスケットという言葉をご存じでしょうか．これは，いわゆる公式競技大会のバスケットボールのゲームではなく，街中などで日常的に行われる非公式なゲームを指します．

以前に私の研究室に中国からの留学生が所属していましたが，彼はとてもバスケットボールが上手でした．日本で言うところの部

活動ではやったことがない（彼が言うには，選ばれた人しか入れないらしい）というのに，あまりに素晴らしいので本当に驚きました．中国（彼の出身の町）ではストリートバスケのようなものがとても盛んだったと教えてくれました．

1999年にアメリカの友人を訪ねてユタ州に行ったことがあるのですが，車で移動したとき，道路から見える家々の庭には，ことごとくバスケットボールのゴールが設置されているのを見て，さすががバスケットボール大国だなと感心しました．当時はNBA（全米バスケットボール協会，あるいは全米プロバスケットボール協会）に所属するユタ・ジャズというチームが全盛期だったり，前年度にユタ大学がNCAAトーナメントディビジョンIで準優勝したりしたこともあり，バスケットボールが盛んでした．

ところで，なぜこのような話をするかというと，いわゆる公式ゲームと言われている競技の世界とは別に，ボールゲームの楽しみ方というのはたくさんあり，その一つがいわゆるストリートバスケだということです．日本では，あまり見かけることはないと思われるかもしれませんが，実は学校の休み時間に体育館や校庭でボールゲームをやったという人は多いのではないでしょうか．

そのような，非公式な場で行うゲームでは，ルールをどのように厳密に適用するかは，参加者次第ということになります．そうなると当然，自分たちがプレイする都合に合わせたルール変更が行われているはずです．近年の学校体育の授業では，ルールの意味などを考えさせるために，自分たちでルールを工夫する実践が行われています．その際にキーワードになるのが，"面白さ"ではないでしょうか．

守能（1984）は，スポーツルールの最終的な機能は，《面白さの保障》だとしています．

そして，スポーツルールは「何が面白くて何が面白くないかについての，まさに主観的な判断を中身とする合意的な宣言」（守能，1984）だとしています．しかし，実際に休み時間などにゲームをしてみると，どのルールが面白いとされているか，現実にはよくわからないと私は感じるようになりました．そこで逆転の発想をすることを思い付きました．面白くないルールは，採用されないのではないか．それも，ある程度，当該の種目に熟達している人が集まるようなゲームで，繰り返し削除されているルールがあれば，それは当該の種目に関わる人たちにとって，あまり面白くないルールなのではないか，そんな風に考えたのです．

ここで，「組織化される前段階にある一過性，偶発性の要素が強い」（土田ほか，2001）ゲームのことを，以下，ローカルゲームと称することにします．私は，自分がこれまでに関わった2つのローカルゲームを振り返ってみました．いずれも大学の中で空き時間に自然と人が集まるバスケットボールのローカルゲームです．小中高校の休み時間のゲームみたいなものです．一つは前の職場だった大学でのゲームで，もう一つは2001年当時には実際に参加していたいまの職場のゲームです．前者は週に1回，後者は月曜日から金曜日の昼休みに，ほぼ毎日実施されていました．

これら2つのローカルゲームでは，シュートに対するファールと明らかに認識されるケースでも，フリースローはただの一度も実施されず，近くのラインからのスローインでゲームが再開されるか，ファールをした者とされた者がその場で解決してしまって，フ

リースローはせずにゲームを続行していました.

また,私はある町で毎週土曜日に実施されていたローカルゲームに7年間参加していました.そこでは,高校生から50歳代の男女が20分間のゲームを3回ほど実施していました.その7年間,フリースローは一度も実施されませんでした.

加藤(1988)は,アメリカのストリートバスケット(加藤はピックアップ・ゲームと称しています)でも,フリースローは削除されていると述べています.そしてその理由を,審判がいないからではないかとしています.私が参加していたローカルゲームでも,審判がいたことは一度もありませんが,フリースローは見事に省略されていました.

先に取り上げた論文(土田ほか,2001)の中で,私たち筆者は,フリースローというのは,失われたシュートチャンスを別の形のゲームで保障しようとしている一種の手続き的なメタファー(比喩)であり,そのメタファーでは失われたシュートのチャンスはなかなか再現できない=あまり面白くない,と判断されて,省略されていくのではないかと論じました.

みなさんは,学校の休み時間に体育館でバスケットボールをしたことはありますか.そこでは,フリースローのルールは採用されていましたか.限られた時間の中でバスケットボールを楽しもうとすると,フリースローという,一人で完結してしまうゲームを実施するのは,あまり得策ではないと思いませんでしたか.バスケットボールのゲームをしようと集まって来る人たちは,2つのチームに分かれて攻防関係をプレイする,その時間をこそ楽しもうと思ったのではないでしょうか.

そんなときに,一人のシュートの成否をみんなで見守るために時間を使うというのは,きっと面白くないと判断されるのではないでしょうか.見ているだけで休み時間が終わってしまっては,もったいないですよね.この省略が国を超えて起きる現象だとするならば,フリースローというのは,一続きのバスケットボールのゲームの中では,異質な局面と考えることもできそうです.

ゲームのはじめや,ゲーム中に対戦するチームのプレイヤーがボールに同時に手をかけて膠着状態が起きると,バスケットボールの競技規則ではジャンプボールという2人のプレイヤーだけを取り出して競わせる"ゲーム"を行うことがありました.私がプレイしていた頃は丸いサークルが3つコートに描かれていて(現在は中央に1つだけ),ゲーム中にもまだジャンプボールを行っていたのですが,これもやはり別種のゲームとされたのか,いまではゲームの開始時にしか行われなくなりました.

しかしながら,異質な局面とも取れるフリースローのほうはというと,一人でゴールの成否を楽しむこのゲームを,他の人たちと一緒に楽しむということがあります.バスケットボールのゲームをしようと思っても人数が集まらないときにフリースローをして遊ぶこともありますし,このフリースローだけを取り出して遊ぶゲームも,ゲームセンターなどで見たことがあります.ジャンプボールだけを楽しんでいる人は,あまり見かけたことがありませんね.面白くならないのでしょうか.

このように,ゲームのある局面を切り取って,その部分だけで遊んだり,場合によっては,その局面だけが別種のゲームとして組織

化されたりしていくこともあります．バスケットボールでは，近年，オリンピック種目となった3人制バスケットボール（3x3：スリー・エックス・スリー）もあります．このゲームの公式ウェブサイトには，「世界中のストリートでプレイされている3人制バスケットボール3on3にFIBA（国際バスケットボール連盟）が2007年に正式な統一ルールを設け，バスケットボールの新種目として確立した正式競技です」（日本バスケットボール協会）とあります．読み方を変えると，各地でローカルになされていた3on3のルールを国際的な組織が統一して確立した正式競技，ということになります．3on3はフリースローのような，メインゲームの中で失われた局面のメタファーというわけではないと思いますが，部分を切り取って遊ぶゲームの発展という意味では，とても面白い現象です．

同様の現象には，ゴルフとドラコン（ドライビングコンテスト）もあります．ドラコンというのは，ゴルフで使用するクラブ（ドライバー）で，とにかくフェアウェイ上でボールがどれくらい飛ぶかを競うものです．以前はとにかく広いところでやっていたようですが，組織化されていくうちに，フェアウェイ内に収まったボールだけを計測するようになったようです．

話がずいぶんと散らかってしまいました．ここでは，人はある行為に定義的な規則を適用して，不思議な意味や価値の世界をつくるというところが大切なのでした．意味や価値の世界というと，いったい何のことを指しているのか，容易に見当が付かない人もいるかもしれません．そこでラグビーを例に挙げて説明を試みます．

ラグビーでは，前方にあるゴールのエリア（相手のゴール領域）内にボールを接地させる行為にトライという名前を付して意味付けしました（構成的規則）．ここまでは，「ボールを目標地点（空間）に移動させること」（鈴木ほか，2003）というボールゲームに共通する形式が生まれたに過ぎないのですが，ボールを前方に投げる行為をスローフォワードという反則と定義したことで，サッカーやバスケットボールなどの前へのパスを無意味なものにします．このことによって，ボールを超えて前方にいること自体が無意味化されます．

最近，大学の体育実技でタグラグビー風のゲームを実施しています．前パスがないゲームに日本人は慣れていないためか，1時間目はみんな前にパスが出せないことに苦しみます．学習記録を見ると，「ボールより前にいることに意味がないことに気付いた」というような記載を見かけます．意味の世界（わかる）に入り込んだ学習者がいることに喜びを感じます．攻めているときは，（ボールより）前で待っているほうがいいというのは，ボールゲーム全般に共通するというか，当たり前のプレイだと思っていた人が，実は前にいること自体に「意味がない」場合があることに気付きます．これはラグビーの競技規則がつくり出した不思議な意味の世界に他なりません．

また，1時間目によくある記載に，「もっとパスを回せばよかった」といったものも多く見られます．「パスを回す」という言葉は，小中高校のボールゲームの授業で盛んに言われていたことなのでしょう．このような記載は私の大好物です．そうしたときには，迷わず，「このゲームはそもそもパスゲームでしょうか？　パスをすると，どんどん後ろに下がってしまうルールですが？」と朱書きし

て返します．実際に，タグを取られることを極端に恐れた学生たちは，ボールが来るとすぐに他の人にパスしてしまいます．すると，1時間目のゲームはちっとも前進できずに終わることが多いのです．それにもかかわらず，「パスをもっと回せばよかった」というのは，事実誤認です．最も価値がある（役に立つ）のは，パスする前に，できるだけボールを持って前方に走り込むプレイです．勘のいい人はすぐに気付きます．タグを取られるからといって前進を恐れていると，いつまでたってもトライできません．あまり進んでいないように見えて，実はボールを持って前進することに価値があるのです．

鈴木ほか（2010）は，「球技指導にとって重要なのは，そのような『行い方』が一定の合理性を持つものとして人々に承認されるようになった歴史的・文化的・社会的経緯や，さらにはそうした『行い方』をよりよく達成するために試行錯誤を経て技術・戦術が工夫されてきたという価値や意味の世界に運動者を誘うことではないか」と述べています．

そういう意味や価値の世界をつくり出すきっかけになっているのが，スポーツのルールとも言えそうです．

文献

加藤敏弘（1988）ピックアップ・ゲームの意義と役割．茨城大学教育学部紀要（教育科学），47：305-325．

松宮智生（2022）スポーツにおける構成的ルールと規制的ルールに関する哲学的考察．体育・スポーツ哲学研究，44（1）：13-25．

守能信次（1984）スポーツとルールの社会学―《面白さ》をささえる倫理と論理―．名古屋大学出版会：愛知，pp.75-85，特にp.80．

日本バスケットボール協会．http://3x3.japanbasketball.jp/guide#q1-1，（参照日2024年1月12日）．

サール，J. R.：坂本百大・土屋　俊訳（1986）言語行為―言語哲学への試論―．勁草書房：東京，pp.58-74．

鈴木　理・青山清英・岡村幸恵・伊佐野龍司（2010）価値体系論的構造分析に基づく球技の分類．体育学研究，55（1）：137-146．

鈴木　理・土田了輔・廣瀬勝弘・鈴木直樹（2003）ゲームの構造からみた球技分類試論．体育・スポーツ哲学研究，25（2）：7-23．

土田了輔・直原　幹・阪元容昌・相河美花（2001）フリースローのルールはなぜ無視されるのか？体育・スポーツ哲学研究，23（2）：17-25．

全日本剣道連盟．https://www.kendo.or.jp/old/kendo/rules/rule1.html，（参照日2024年1月12日）．

第7講　ボールゲームへの参加

① 「協働」と「分業（＝手分け）」
：役割取得

　私たちが取り組んでいるボールゲームという文化は，いったいどのような特徴を持っているのでしょうか．「何を急に『文化』だなんて．大げさな！」と思う方もいるかもしれませんね．しかし，そもそも教育という営みは私たちの先達が長年にわたって築き上げてきた文化を，後世に伝えるという重要な役割があります．学校体育で取り扱っている陸上競技や水泳，ダンスも，そのような文化といえるでしょう．そして本書のメインテーマであるボールゲームも，例外ではありません．

　しかしながら，ボールゲームという文化は，集団での営みという視点で見ると，学校教育で取り扱われる他の文化と，少し異なる形式を持っていると言えるかもしれません．結論から先に言うと，みんなで異なる仕事を請け負いながら協働する文化なのです．協働と言うと，みんなで力を合わせて同じことをするというイメージを持つ人が多いと思いますが，それはどちらかというと「共同」という言葉が当てはめられます．近年用いられている「協働」は，それぞれの得意なことを持ち寄って力を合わせるという感覚です．それでは，少し話を進めてみます．

　学校教育に見られる学習場面では，何らかの集団が形成される場合があります．特に，「主体的・対話的で深い学び」が提唱されて以来，教師による知識詰め込み式の授業は鳴りを潜め，数人の仲間と意見を出し合いながら学びを深めていく学習法が定着してきました．

　しかし，学ぶ内容は，学級全体に同じものが示されるのが普通ですよね．例えば，小学校第4学年の算数においては，「数と計算」，「図形」などが示されていますが（文部科学省，2017a），同じ時間でAさんには「数」が与えられ，Bさんには「図形」が与えられるということはほとんどありません．もっとも文部科学省が推奨する個別最適な学びが実現すれば，Aさんは「数と計算」，Bさんは「図形」について学習している，という光景が当たり前になるかもしれませんが．

　一方，学校教育においては，役割分担というものを内在する文化を教材として扱う場合があります．ここで「内在」などという難しい用語を使ったのにはわけがあるのですが，ひとまず役割分担により成り立っている文化の代表例を挙げましょう．

　例えば，音楽科の第5, 6学年の歌唱分野では，「㈦各声部の歌声や全体の響き，伴奏を聴いて，声を合わせて歌う技能」（文部科学省，2017b）があります．この分野では，「斉唱や合唱などにおいては，自分の歌声を全体の中で調和させて歌うことが求められる．各声部とは，主旋律や副次的な旋律などを表している．各声部の役割は，一つの曲の中でも変化することがある．それらの役割を理解し，強

弱などを工夫することで，全体として調和の
とれた表現になる．したがって，各声部の歌
声や全体の響き，伴奏を聴きながら歌うこと
が重要となる」(文部科学省，2017b) として，
学習者一人ひとりが担う役割の理解が示され
ています．したがって，活動としての歌唱は，
学習者一人ひとりで異なる仕事を担うことに
なるわけです．体育科におけるボールゲーム
系教材も，実はよく似ていますね．このよう
な文化を私は分業文化 (土田・伊佐野，2021) と
呼ぶことにしました．名前など付けなくても
よいと思われるかもしれませんが，実は学校
というところは，役割分担のある素材を教科
で扱いにくい場なのです．そのような理由か
ら，学校で扱う文化としては特徴的であるこ
とを強調したいのです．学校で扱いにくい理
由は，評価・評定が関係しているのではない
かと思います．評価というのは，学習者の行
動等に対して反応してあげる (褒める，うなず
く，叱るなど等々) ことなので，集団に対して
もできるかもしれません．しかし，評定は何
かの基準に照らし合わせて段階を付ける評価
のことで，学校というところでは，最終的に
学習者個々に対して評定が示されます．

　学習者がそれぞれ別の学習活動をした場合，
例えば技能評価などはどうするのかと悩まれ
る先生がおられるでしょう．だから「全員に
同じ技能テストを」と称して，ゲームと関係
のないところに連れていって，バスケット
ボールならゴール下のシュートが○秒に何回
入ったか，という事態が起きてしまうのです．
授業中の学習活動もそうですが，全員に一律
同じ「基本練習」をさせるのも，みんなに等
しく同じ学習機会を与えたいという，機会均
等主義があるからではないでしょうか．しか
し，扱っている素材 (ボールゲームという文化)

がそもそも役割分担を内在している (大勢い
るのにボールが1個) のに，なぜかみんなが同
じ活動をするというのは，本質的におかしい
のではないかと思い，それで「分業文化」な
どという言葉を持ち出しました．

　「内在する」などと面倒な言い回しにした
のは，実はあまり協働・分担しないでも課題
を遂行することができる場合もあるからです．
1個しかないボールを複数人でゴール方向に
移動していく時点で，「ボールを投げる人」，
「途中でつなぐ人」，「前で待ち受ける人」，の
ように，ボール移動過程を「手分け」するこ
とが起きるでしょうから，役割分担が予定さ
れている文化だとは思います．しかし，含ま
れているけれども発現しないこともあるとい
う意味で「内在」としました．小学校の体育
授業で，学校外のサッカー教室に通っている
子がいる場合，ほとんど味方の子にパスなど
しなくても，一人でシュートまで行けてしま
うということがまれにありますよね．だから
役割分担が発現しないこともあるのです．シ
ングルスという形式があるネット型は協働が
できませんので例外です．

　さて，ボールゲームと言われているものは，
1個のボールを目的地であるゴールへ移動し
ていくことを構成的目的[1] (鈴木・土田，2022)
としています．ゲームの中で用いられる技術
や戦術はさまざまなのですが，この構成的目
的だけは，動かし難いものとして設定されて
いる点に注目してください．そして，ほとん
どのボールゲームは，一人のプレイヤーが先
の構成的目的を達成するため (あるいは妨害す
るため) に担う役割が，時に少しずつ変化し
ながら分担されていく過程を学習として扱う
ことから，学習者が全く同一の学習活動をす
るわけではありません．むしろ，他の人と異

37

なる役割を担いながら，チームという集団を
いかに合理的に機能させていくかを学習する
ことになります．

ところが，先述したように，みなさんが小
中高校で受けてきた体育授業のボールゲーム
系単元においては，技能評価と称して，
シュートやパスなど，みんなが同じパフォー
マンスを行い，それが学習内容として評価さ
れませんでしたか．みんなが違う仕事をして
いるのに，ボール扱いという部分的な技能を
評価するというのは解せないとは思いません
か．人によっては，ボールをあまり扱わない
守りのほうでよい仕事をしていたかもしれな
いのです．あるいは，基礎練習と称してみん
なが同じボール操作の技能，ドリブルやパス
などのボール扱いを，同じような練習で身に
付けようとしませんでしたか．

確かに全員がボール操作の技能を高めてい
くと，限りなく部活動やメディアで見るプロ
のような戦い方ができるようになるかもしれ
ません．みんなが短時間でゲーム中に技能発
揮できるようになるほど上達するなら，基礎
練習はあってもよいかもしれません．しかし，
部活動と授業は違います．そもそも目的が異
なるのですが，それ以上に体育授業はとにか
く時間が限られています．松枝 (2019) は，週
に 3 回活動し，1 回当たりの練習時間が 90 分
のバレーボールの地域クラブチームを調査し，
中学校学習指導要領解説保健体育編に例示さ
れている項目を，クラブチームのプレイヤー
が (体育の学習者ではありませんよ) どれくらい
達成できているかを調べました．驚いたこと
に，いくつかの項目の達成度が 50％を超え
るのは中学校 3 年生になってからで，1 年生
に至っては，ボールを持たないときの動きと
考えられる 3 つの項目は，いずれも 30％程度

しかできていないことがわかりました．この
ことから，全員が基本を身に付けてからゲー
ムに入るという考え方さえも，そもそも体育
では難しいことがわかります．それより，限
られた役割 (仕事) でもよいので，早くゲー
ムに (意味のある) 参加をさせてあげてほしい
のです．このことを益川ほか (2018) は，内的
簡易化と呼びました．それでは次に，役割分
担と学習について考えてみたいと思います．

1990 年代のはじめ，レイヴとウェンガー
(Lave and Wenger) という 2 人の研究者が，学
習とか熟達という営みは，知識や情報を個人
の頭の中に入れていくというより，複数人で
の仕事の過程に参加していくことだ，と言い
出しました．学習＝参加というこの斬新な考
え方は「正統的周辺参加論」[2] といい，いわ
ゆる職人の学びをモデルにしています．職人
の学びというと，包丁さばきの手作業などの
技能が思い浮かぶかもしれませんが，大事な
ことは，このような熟達にはもちろん，知識
も含まれているということです．「わかって」
いないと，「できません」よね．

詳しいことは紹介した著書を読んでみてほ
しいのですが，レイヴらによると，複数人で
「何か」を実践する集団 (実践共同体) の中では，
技能も知識も不足している新人は，まず，あ
まり責任が重くない役割 (仕事) をもらいます．
例えば，みんなで仕事を分担しながら 1 着の
スーツを仕立てるという集団があったとしま
す．この新人は，完成寸前のスーツのアイロ
ンがけや袖口のボタン付けだけを任されます．
アイロンがけやボタン付けはスーツの仕立て
作業の最後の段階であり，失敗してもやり直
すことが可能ですので，責任はあまり重くあ
りません．しかしながら，スーツという服全
体の仕上がりからすれば，アイロンがけ後の

折り目や袖口のボタンは完成品としては欠かせない部位です．この意味で，新人の作業（仕上げという役割）は正統性を持つ作業ですが，作業全体からすれば周辺的です．なぜなら，それらの作業より布生地の縫製や裁断のほうが，失敗が許されない責任の重い作業だからです．そしてレイヴとウェンガーの著書の具体例の中に，他にも興味深い記述がありました．それは，新人が周辺的な作業をしているとき，他の人に見られたり，他のベテランの人の作業を観察できたりすることが重要だということです．複数の人で1着のスーツを仕上げる場合，新人は，自分が望めば先輩たちの作業工程全体をいつでも観察できる，すなわち教わらなくても学習ができるということが重要らしいのです．そして，新人が周辺的な作業に熟達すると，徐々に次の役割へと変化していくというのです．

学習という点で興味深いのは，新人は，スーツの仕立て工程を遡りながら役割を変えていくことで，自分が前に任されていた役割でやっていた作業の意味がわかるようになっているということです．袖口のボタン付けを経験した人は，その次に袖口の生地を縫い付けるときに，「そうか，後からここにあの大きさのボタンが縫い付けられるんだから，このくらいの幅を残して生地を縫わないと！」とわかるということです．しかも一つ前の工程をやっている先輩がすぐ見えるところで作業していれば，自分がこれから縫う生地が，どのように裁断されているかもわかるわけです．逆に一人ひとりが孤立した部屋で作業をしていると，作業工程を見渡しながら自分がやっていることを考えるのは難しくなります．

長々と説明してきましたが，私はこの実践共同体という考え方を，ボールゲーム学習に

おけるチームと考えたらどうかと思っています．そして，チームでボールをゴール方向へ移動していくという営みを，仲間と手分け（役割分担）しながら熟達していく（あるいはこのボール移動を妨害する）のがボールゲームの学習だと考えています．そうなると，ボールゲームの学習で正統的周辺参加とは何かという問題があるのですが，これには従来のボールゲームの考え方を変えていく必要があると思っています．

②　「引き算」で考える参加
：外的簡易化と内的簡易化

先ほど，限られた役割（仕事）でもよいので，早くゲームに（意味のある）参加をさせてあげてほしいと書きました．しかし，実際に学校の体育では，ボール扱いや動き方等を一通り練習してからゲームに移行するという授業が一般的になされていることと思います．このように，不足しがちな技能面を補おうと，ボール操作やボールの受け方の技能を「足し算」していかないと「ゲームにならない」，という言葉もよく聞かれます．確かに，中学校1年生のネット型，バレーボールの授業などを参観すると，サービスが打たれる→取れない→またサービスが打たれる→取れない……が永遠に続きそうな様子も見たことがあります．ゴール型ではどうでしょう．四角く大きなコート，いわゆるフルコートでは大き過ぎるからと，半分のコートにしたり，人数の変更をしたり，ドリブルをなしにしたりと，どちらかというと目に見える条件を変更することでゲームを参加しやすくする"簡易化"ということがなされています．ボールゲームの教材化に，この簡易化は欠かせません．

ゲーム中心のボールゲーム指導，理解のた

めのゲーム指導（Teaching Games for Understanding：TGfU）を世界に広めたのはソープ，バンカー，アーモンド（Thorpe et al., 1986）と言われていますが，このTGfUの中では，学習者の状態に合わせて，素材であるボールゲームの人数を少なくしたり，攻防の人数バランスを変えて攻撃側が楽にプレイできるようにしたり，学んでほしい内容が誇張されるようなゲームの修正が重要ということが指摘されました．

日本では，グリフィンら（Griffin et al., 1997）の戦術アプローチ（tactical games approach）[3]が紹介され，指導したい戦術的課題を誇張するなどしたタスクゲームというミニゲームが紹介されました．例えば，サッカーだったら戦術的な課題に得点を取ること，得点を防ぐこと，プレイを再スタートすることという，3つの戦術的な問題があり，そのそれぞれに，ボールを持たないときの動きと，ボール操作の技術があると考えます．そしてそれらに戦術的課題があるので，その課題を練習するために，修正して小さくしたコート（27m×18m）で3人対3人のミニゲームをします．ボールを奪われないようにパスをするゲームが紹介されます．この後，さまざまなサイズのコートや人数で，ゴールへの攻撃，ゲームの再開の仕方などの戦術的課題を徐々に練習していくというものです．このようなミニゲームがレベルⅠからレベルⅤまであり，それぞれのレベルにレッスンが6，7，7，10，10の合計40ものタスクゲームが紹介されます．

タスクゲームが一つ紹介されるごとに，「小さなコートを使いなさい」や「9m離れてパスしなさい」，「2つのコーンの間にシュートしなさい」，「3人対3人でプレイしなさい」

など，そのゲームの条件やルールが示され，学習者は段階的にさまざまな戦術的課題を学習していきます．そしてこれらの変更は，もとになっているサッカーなどのゲームを，子どもたちの様子に合わせてやさしくする，いわゆる簡易化と呼ばれる操作です．このように，少しずつできること，覚えることを増やしながら上手になっていく様を，私は特に「足し算の論理」と呼んでいます．学習というものは，単純なものから複雑なものへ，という順序性があるのが一般的ですが，スポーツの学習も全く同じ「足し算の論理」で展開されているはずです．

このコートサイズやプレイヤーの人数，課題などは，プレイヤーの外側にあって主に目に見える条件の簡易化なので，この本では「外的簡易化（modified game）」と呼ぶことにします．

一方，プレイヤーである一人ひとりの子どもたちの心の中（目に見えないですね）で，ゲームを簡易化する方法はないでしょうか．

益川ほか（2018）は，ゲームの中で個々の子どもたちが「役割」を分担していく中で，実は「あれもこれも行う」のではなく，自分の心の中で当面は「やらなくてよいこと」をはっきりさせ，ゲームの中での仕事を絞り込ませるようなことも，ゲームを行う上での一つの簡易化ではないかと考えました．やらなくてよいことは，とりあえずはやらないということで，こちらは「引き算の論理」です．そして，そのような考え方を「内的簡易化」と呼ぶことにしました．特に体育の授業というのは，時数が本当に限られますから，いつもやることを足し算していくより，できることを限定しながらゲームへの参加を目指す，引き算の論理が大切だという考え方です．

「役割を決める」でもよいように思いますし，ありふれた指導かもしれません．しかし，役割を決めるというと「やることをはっきりさせる」という面ばかりが焦点化されがちです．あえて，このような引き算も「簡易化」の一種なのだと考えることが，ボールゲーム指導ではとても大切です．

メディアで放映されているプロのサッカーやバスケットボールなどは，みんなで攻めたり守ったりと，ゲームの中で行うことが，目まぐるしく変化しています．一人のプレイヤーがさまざまな役割をこなしているわけです．しかし，よく考えてみてほしいのですが，サッカーやバスケットボールのルールに，「すべてのプレイヤーは，攻撃と防御をしなければいけない」と書いてあるわけではありません．いろいろとできる人たちがいろいろやっているだけであって，別に，ゴールの前でずっと守っていても問題ありません．攻めと守りの按分は，実はかなり自由度があります．攻めとか守りという役割の中にも，実はさまざまな仕事があるわけです．例えば，バスケットボールのゲームの中で，「自分は守りをやります！」といっても，実は攻めと守りという概念もかなりあいまいなものです．自陣のゴール下でリバウンドだけをやっているとか，手を挙げて相手のシュートを妨害しているだけで，その他の仕事は引き算してしまっても，「守りになる」ことは大いにあるわけです．

どうでしょうか．あまり機敏に動けないとか，走るのが苦手でも，手を挙げているだけで貢献できる子が，「それだけでいいんだったら僕でもできるよ！」と参加しやすくなるなら，正統的周辺参加として認めてあげてもよいのではないでしょうか．協働とはそういうことだと思います．ゴール下で手を挙げて立っているだけだった子が，徐々に余裕が出てきて，リバウンドを取ったり，仲間にパスを送ったり，仕事が増えていくことで，自分の役割が変化していきます．その子の心の中で，後から仕事が「足し算」されていけばよいのです．

このように，内的簡易化に基づいて授業展開を考えると，単元のはじめから終わりまでに，誇張したい課題に合わせて異なるタスクゲームをいくつも用意する必要はありません．実は，さまざまな修正ゲームを段階的に用意することは，学習者にとっても，教師にとっても負担が大きくなることがあります．そのような負担については，TGfU の創始者が早くから指摘していましたので，興味があったら読んでみてください（Thorpe and Buker, 1986).

注

1）この言葉は，当初は「競争目的」と名付けていました（鈴木ほか，2003).

2）正統的周辺参加論：Lave and Wenger（1991）の著書，"*Situated learning: Legitimate peripheral participation*" の序文の中で，言語人類学者のウィリアム・ハンクスは，正統的周辺参加という学習を「ゆるやかな条件のもとで実際に仕事の過程に従事することによって業務を遂行する技能を獲得していく」と表現しています（レイヴ・ウェンガー，1993).

3）戦術アプローチ：この理論について書かれた本は現在，学習者のレベルに合わせたり，現代的な課題を取り入れたりして，より詳細なレッスンを紹介するに至り，2020 年に第 4 版が出版されています（Mitchell et al., 2020).興味があったら是非手に入れてください．

文献

Griffin, L. L., Mitchell, S. A., and Oslin, J. L. (1997) Teaching sport concepts and skills: A tactical games approach. Human Kinetics: Champaign,

IL.

Lave, J., and Wenger, E. (1991) Situated learning Legitimate peripheral participation. Cambridge University Press: UK.

レイヴ, J.・ウェンガー, E.：佐伯胖訳, 福島真人解説 (1993) 状況に埋め込まれた学習―正統的周辺参加論―. 産業図書：東京, p.7.

益川満治・土田了輔・相良康介・玉城耕二・柴原健太郎・平田大輔 (2018) 大学生における分業に基づくバスケットボール授業の実践事例―心理的能力と情意的側面からの検討―. 専修大学スポーツ研究所紀要, 41：1-9.

松枝公一郎 (2019) 中学校学習指導要領解説保健体育編におけるネット型の例示は実現可能なのか. 教師教育と実践知, 4：55-62.

Mitchell, S. A., Oslin, J. L., and Griffin, L. L. (2020) Teaching sports concepts and skills. A tactical games approach (3rd ed.). Human Kinetics: Champaign, IL.

文部科学省 (2017a) 小学校学習指導要領 (平成29年告示) 解説算数編. https://www.mext.go.jp/component/a_menu/education/micro_detail/_icsFiles/afieldfile/2019/03/18/1387017_004.pdf, (参照日2024年5月10日).

文部科学省 (2017b) 小学校学習指導要領 (平成29年告示) 解説音楽編. https://www.mext.go.jp/component/a_menu/education/micro_detail/_icsFiles/afieldfile/2019/03/18/1387017_007.pdf, pp.91-92, (参照日2024年5月10日).

鈴木　理・土田了輔・廣瀬勝弘・鈴木直樹 (2003) ゲームの構造からみた球技分類試論. 体育・スポーツ哲学研究, 25(2)：7-23.

鈴木　理・土田了輔 (2022) ゲームの指導内容開発のための考察視座. 体育・スポーツ哲学研究, 44(2)：101-113.

Thorpe, R., and Bunker, D. (1986) Where are we now? A games education, in rethinking games teaching. In: Thorpe, R., Bunker, D., and Almond, L., Rethinking Games Teaching. Department of Physical Education and Sport Science, University of Technology: Loughborough, UK, p.79.

Thorpe, R., Bunker, D., and Almond, L. (1986) Rethinking games teaching. Department of Physical Education and Sports Science, University of Technology: Loughborough, UK.

土田了輔・伊佐野龍司 (2021) 役割分担を内在する機能共同体的な文化の学習に関する考察―状況論とゲーム構造論に基づく教科的合理的配慮―. 教師教育と実践知, 6：13-19.

コラム２　　　　　　　　　　　ゲームを「易しく」するとは？

人間が環境からの情報を処理できる容量や注意を配分できる容量には限界があると考えられています．ボールゲームでは，ボールの操作や用具の操作だけに留まらず，自分や仲間，相手などに注意を向ける必要があり，天気や温度，太陽や室内の光具合などそれらを阻害する事がらにも気を配ることが必要となります．

ボールゲームを行う際，複数のことを同時に行う必要が生じます．例えば，バスケットボールの場合，ドリブルをしながら相手や仲間の位置を把握しシュートなのかパスなのかなどの選択を行います．これらは，一次課題を行いつつも，それと同時に二次課題を行うことが求められます．このような課題は，プロ選手や熟練者と言われる者にとっては容易かもしれませんが，かたや初心者や未経験者にとってみれば非常に困難となることが大いに予見できます．

これらは二重課題と呼ばれています．ボールゲームにおいて二重課題が生じる場面では，認知の正確性が低下したり運動の精度が低下したりすることで，俗に言うエラーやミスとなり，またどちらかの成績が低下する場合が一般的です（Abernethy, 1988）．サッカー選手と野球選手のレギュラーおよび準レギュラー選手に，運動場面に即した課題を行わせたところ，単一課題ではパフォーマンスに違いが見られなかったが，二重課題ではレギュラー選手が高いパフォーマンス得点を上げることが報告されています（木塚ほか，2010）．つまり，競技レベルの向上に伴い二重課題においても正確で素早いパフォーマンス発揮が見込めるのです．

ボールゲームの授業や指導場面に置き換えて考えてみてください．多からず授業場面では，スキルと呼ばれる基礎技能の練習を行い，その後にスキルを発揮するまたはスキルを用いたゲームを行います．しかし，ゲーム場面において基礎技能の習得に焦点を当てた課題（一次課題）を行いつつも，ゲームでの相手や仲間，ましてや時間や得点などにも目を向ける（二次課題）ことは可能でしょうか？　もちろんその競技の経験者や熟練者は可能でしょうが，授業場面はそのような学習者だけではありません．

注意は，一次課題が複雑な場合，二次課題に多くの注意を配分できなくなり，逆に一次課題が比較的単純であまり注意を必要としない場合には，もう一方の課題に比較的多くの注意の容量を配分できます（Schmidt, 1994）．このことからも，一次課題でもたらされる課題を簡易化（または免除）し，二次課題であるゲームの中の気付きに多くの注意を配分することが，前講で述べた「内的簡易化」です．ゲーム中の気付きとは，ゲームの課題理解やその解決の仕方についての理解および知識です．このように，「内的簡易化」を用いることで，学習者を深い学びへと誘うことができると考えています．

この「内的簡易化」を用いた授業実践が行われています．益川ほか（2018）は，大学生のバスケットボール授業を対象に，ボール操作等の一次課題を削減または免除することで，二次課題となるゲーム中の気付きに多くの容量を配分すること，すなわち「内的簡易化」を企図した授業実践を行いました．その結果，心理的能力（判断，作戦能力）や情意的側面（運動に対する好意度）に影響を与えることに成功しています．

このように，授業の中で，ゲームを「易しく」することとは，前講で述べたように，人数やコートを変更する簡易化だけではなく，学習者の情報処理や注意の配分に着目した，「内的簡易化」を施すことが重要です．そのことで，ゲーム中，仲間や相手との関係性や，ゲームでの気付きの向上，ましてや技能面の変化も期待できるでしょう．

文献

Abernethy, B.（1988）Dual-task methodology and motor skills research: Some applications and methodological constraints. J. Human Movement Studies, 14(3): 101-132.

木塚朝博・板谷　厚・岩見雅人・川村　卓（2010）高度なスポーツスキルを評価するデュアルタスクの可能性．バイオメカニズム，20：11-20.

益川満治・土田了輔・相良康介・玉城耕二・柴原健太郎・平田大輔（2018）大学生における分業に基づくバスケットボール授業の実践事例―心理的能力と情意的側面からの検討―．専修大学スポーツ研究所紀要，41：1-9.

Schmidt, R. A.（1991）Motor learning and performance: From principles to practice. Human Kinetics: Champaign, IL.〈調枝孝治監訳（1994）運動学習とパフォーマンス―理論から実践へ―．大修館書店：東京，pp.15-44.〉

第8講　ボールゲームの指導内容

1　「切り取られたゲーム」の問題

　「ボールを媒体とする成否の不確定な試し合い」として行われるボールゲームでは，ゲームを通じて明らかになる（確定する）のは，一方が勝利し他方が敗北したという結果（成否）であって，それ以上でもそれ以下でもありません．ところが昨今，私たちの周りでは，さまざまなメディアが介在してゲームの一部を切り取る形で華やかなパフォーマンスがクローズアップされることにより，ゲームの局所的な場面が高く価値付けられるという事態が散見されます．

　しかしながら，例えばバスケットボールで試し合われるのは，観衆の意表を突く華麗なボールさばきや豪快なダンクシュートなどのできばえではなく，一定時間内にボールがゴールを通過することによる得点の多寡に違いありません．同様に，野球では剛腕投手の奪三振や豪快な本塁打の数ではなく，進塁した走者が帰還するホームインの回数で勝敗が決まります．ここである特定の行為ばかりがメディアの都合で切り取られ，ゲームの文脈から切り離されるようなことになれば，スポーツの文化的価値の伝承・発展・創造を預かる学校教育（体育授業）に大きな影を落とすことになりかねません．

　もとより体育授業では，限られた時間と場所で多くのボールゲームを直接体験することはできないので，特徴の似通った種目群から典型事例となるものを選び出して指導することで指導内容の精選を図っています．これを受けて，ボールゲームは「ゴール型」，「ネット型」，「ベースボール型」に類型化され，個別種目に特化した末梢的な知ではなく，同じ「型」内に，さらにはボールゲーム全般に通じる原理や概念を理解することに重きが置かれるようになりました．

　したがって，例えばバレーボールを扱う授業では，当のバレーボールを一つの個別種目としてではなく，あくまでネット型の典型事例として取り上げ，他種目（テニス，バドミントンなど）にも汎用できる種目横断的な理解を導くよう指導することが求められるはずです．ところが現状では，多くの教師たちが「では，何を教えればよいのか」と頭を悩ませている様子がうかがわれます．あるいは，そうした疑問に足を止めることもなく，もっと言えば疑問を感じることさえなく，漫然と従来通りの「個別種目の指導」に精を出す教師も少なくないようです．

　確かに，それらの授業で外見的に教師の目に映る子どもたちの姿は，そのような種目名のゲームや練習に取り組む姿に違いありません．しかし，ここで先の「切り取られたゲーム」が顕在化し，あたかもそこに向かうことが目的であるかのような見方が広がれば，教師が「そもそもゲームとは何の試し合いなのか」を見通すことはいよいよ難しくなります．

　この問題に立ち向かうためには，図8-1に

第8講 ボールゲームの指導内容

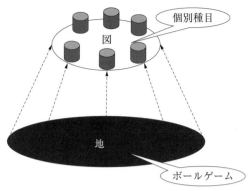

図8-1 ゲームにおける認識の「地」と「図」

示すように,「動き＝実体」として目に映る個々の種目を, ボールゲームの個性的な現れ(図)の一つとして浮かび上がらせるもとになっている基盤(地)に着目し, その正体をつかんでいくことが必要です.

2 「頑張りどころ」の変容

そこで「目に映るゲームの姿＝現象」から視点を移し, その「場」をゲームとして存立させている基盤(ゲーム構造)に着眼してみると, 実は対面する相手方と「何を試し合うのか」さえも,「固定的・静的なものではなく, プレイする競技者に対する機能や, 対峙する競技者と競技者との間で……変化していく」(河野, 1997)ことに気付かされます.

例えば, 野球の源流と考えられるゲームでは, かつては投手が打者に対して打ちやすい球を投げることから始まり,「走者が守備の隙を突いて進塁できるか否か」がもっぱら試し合われていましたが(佐伯, 2014), 現在ではいかに打者に打たれない球を投げるかが, 野球の象徴的な局面となっています.

また, バスケットボールの授業でプレイヤーがボールに密集するメカニズムを検討した研究では, 当初は多くのプレイヤーの意識がボールの争奪に焦点化することで密集状態が多く発生していましたが, やがて「ゲーム中に他者と違う仕事をする」ことへの気付きが生まれたことをきっかけに, ボールに直接関わるプレイヤー以外の者はボールから離れるようになったと報告されています(上原ほか, 2019).

これらの事例は, 不確定性を帯びた成否を確定させるために努力を傾ける対象, すなわち「ゲームで頑張ること」が,「隙を捉えた進塁の成否」から「困難な投球に対する打撃の成否」へと, あるいは「ボールを奪取すること」から「ボールを(ゴールに)移動すること」へとシフトしたことを示しています.

これを踏まえると, 指導の現場では, 目の前で繰り広げられる「試し合い」にどのような課題が埋め込まれ, それは「いま・ここ・私たち」にどのように見出され, 策が講じられているのかを, 当事者の地平から汲み出していくことが求められます. そのためには,「ボールを媒体として試し合う」ということが当事者たちにとってどのような課題解決に参加することを指すのか, さらにはどうなったら「試し合いへの有効な参加」が果たされたことになるのかをていねいに見定めていくことが大切です.

3 新しいボールゲームとの付き合い方

ところで, 私たちが実際にボールゲームをプレイしたり観たりするとき, ゲームのある特定の場面が際立って, ゲームの醍醐味のようなものを醸し出していると感じられることがしばしばあります.

例えばゴルフは, 元来はボールを正確に移動してホールに入れるゲームですが, このゲームの第1打場面を切り取って集めた「ド

ラコン」という新たなゲームがつくり出されています.

あるいは，バスケットボールはリングにボールを通過させるために，「ボールを失うことなく目標地点に移動させる」ことを目指すゲームですが，ここから「ボールを失う」という場面を取り去り，ボール移動の最終局面である「的入れ」だけを取り出して集めた「フリースロー・コンテスト」のようなゲームが行われることがあります．言うなれば，バスケットボールを用いて，ゴルフのパッティングが試し合われるわけです.

また，バスケットボールの2つのゴールの間でボールを争奪することによる「カオス」が発生しがちな地域を排除し，もっぱら1つのゴールをめぐる試し合いに極化する，という加工が行われました．この「3x3」というゲームは相当な人気を博し，その存在が広く人々に知られるようになっています.

さらに，野球に目を移すと，このゲームでは最終的に「人の移動」すなわちホームインの多寡が試し合われるわけですが，投手の投球の正確さだけを取り出した「ストラックアウト」というゲームや，打者の打撃の正確さや飛距離だけを取り出した「バッティングセンター」や「ホームラン競争」など，総じて「進塁」の局面が取り除かれたゲームが新たに考案され，商業施設やイベント等で楽しまれています.

もちろん，ここに挙げたようなゲームを否定するつもりはありません．しかし，少なくともそれらは「ゴルフ」や「バスケットボール」や「野球」ではあり得ず，あくまで「そのような風味の漂う別のゲームである」ということを忘れてはなりません．特に体育授業では，そうした「似て非なるもの」に注意を

向けていく必要があります．もっと言えば，このことをむしろ学びのチャンスと捉え，ゲームの変質・派生，さらには創造について探究していく，という授業デザインも考えられます.

④ ボールゲームの指導内容

以上のように，「図」として現れてくるゲームの姿はさまざまであり，したがって，そうした可変的な「場」で試し合われる課題もまた多様であり，さらには新たな競争形態が生み出されたりもするボールゲームから，いったいどのような指導内容を引き出すことができるのでしょうか.

ボールゲームの授業で何を教えるのかという議論は，すでに第7講で触れたように，イギリスのBunker and Thorpe (1982) が先鞭を付け，後に "Teaching Games for Understanding (TGfU)" と呼ばれる指導アプローチとして組織化されました．この動きは，アメリカに派生した "tactical games" (Mitchell et al., 2003, 2006)，オセアニア圏の "game sense" (Den Duyn, 1997) や "play practice" (Launder, 2001)，さらにはフランス語圏の "tactical decision learning" (Gréhaigne et al., 2005) など，国際的にも広がりを見せ，わが国の「型」ゲームの出現にも大きな影響を及ぼしました.

いまではすっかりおなじみになった "on the ball" や "off the ball" という言葉は，イギリスのSpackman (1983) が発祥であると言われています．ところが，これが海を渡ってアメリカに持ち込まれた際に，どういうわけか "on the ball skill" や "off the ball movement" のように言葉が付け足され，あたかもそのような「動き方」があるかのように「実体化」して広がっていきました．これは，きわめて重

大なミスリーディングだったと言わざるを得ません．というのも，「ボールを持たないとき」の課題は，例えば「仲間のパスの合図を察知する」，「相手のフェイクを見抜く」，「仲間からパスが出るのを予測する」など，総じて他者との兼ね合い，すなわち「関係」であって，「実体」としての「動き」ではあり得ないからです．

中学校学習指導要領解説（文部科学省，2018）では，「ボールを持たないときの動き」に関して，次のような解説が加えられています．

「空間を作りだすなどの動き」とは，攻撃の際は，味方から離れる動きや人のいない場所に移動する動きを示している．また，守備の際は，相手の動きに対して，相手をマークして守る動きと所定の空間をカバーして守る動きのことである．
「連携した動き」とは，空いた場所を埋める動きなどの仲間の動きに合わせて行うボールを持たないときの動きのことである．

しかし，およそこのような「動き」を，プレイヤーが単独で起こすことができないのは明らかです．まさにパスを投げる側のプレイヤーと，自身にまとわりつく対戦相手のプレイヤーと，自分との（あるいはそれ以外のコート上のプレイヤーたちとの）複雑な関係（MacPhail et al., 2008）の産物なのです．

そこで，以降の第9講〜第14講では，「関係づくり」を指導内容の中核に据えた，各「型」のボールゲームの指導について考えていくことにしましょう．

文献

Bunker, D., and Thorpe, R. (1982) A model for the teaching of games in secondary schools. Bulletin of Physical Education, 18(1): 5-8.

Den Duyn, N. (1997) Game sense: Developing thinking players. Australian Sports Commission: Canberra.

Gréhaigne, J. F., Richard, J. F., and Griffin, L.L. (2005) Teaching and learning team sports and games. Routledge Falmer: NY.

河野清司（1997）象徴形式としてのスポーツの構造論的研究—その生成，機能，発展を中心に—．体育学研究，42(3)：128-141.

Launder, A. G. (2001) Play practice: The games approach to teaching and coaching sports. Human Kinetics: Champaign, IL.

MacPhail, A., Kirk, D., and Griffin, L. (2008) Throwing and catching as relational skills in game play: Situated learning in a modified game unit. Journal of Teaching in Physical Education, 27: 100-115.

Mitchell, A., Oslin, J. L., and Griffin, L. (2003) Sport foundations for elementary physical education: A tactical games approach. Human Kinetics: Champaign, IL.

Mitchell, A., Oslin, J. L., and Griffin, L. (2006) Teaching sport concepts and skills: A tactical games approach (2nd ed.). Human Kinetics: Champaign, IL.

文部科学省（2018）中学校学習指導要領解説保健体育編．東山書房：京都.

佐伯泰樹（2014）ベースボールのアルケオロジー—ボール遊びから大リーグへ—．悠書館：東京，p.140.

Spackman, L. (1983) Invasion games: An instructional strategy. British Journal of Physical Education. 14(4): 98-99.

上原まどか・土田了輔・榊原　潔（2019）バスケットボールにおけるプレイヤーの密集メカニズムに関する研究．教師教育と実践知，4：45-54.

第9講 ボールゲームの観察とフィードバック

① 〈直進〉／〈迂回〉の様態

ボールゲームの授業を展開する際，教師，学習者双方にとって，ゲームの観察や分析は欠かせません．なぜなら，ゲームの観察結果をフィードバックされることで，学習者は自分たちの立案した戦術の成否を分析することができるからです．教師側も，子どもたちがどのようなことを考えてプレイしているかをあらかじめ知った上で，ゲームを観察することができます．全くボールに関与していないように見える子でも，何かの意図があってその場所にいるなど，ボールの周辺以外の場所に学習者がいる意味を確認できるかもしれません．

近年，競技スポーツの世界では，プレイヤー個人のパフォーマンスを細かく分析することができるようになりました．サッカー選手が1試合でどれだけの距離を走るのか，バレーボールでサーブミスがどれほど出ているのか，野球では投手の配球パターンや打撃フォームの細かな分析などです．チームという単位でも，どのような戦術を採用しているかを分析することは，古くから行われています．

体育授業における球技の分析・研究では，Griffin et al. (1997) が発表した GPAI (Game Performance Assessment Instrument) が世界的に有名です．この評価法は，一人ひとりの学習者について，ベース（基本となるポジションの

ようなもの），調整（情況に合わせてプレイヤーが居場所などを少しずつ調整するような行為など），意思決定，技能発揮，サポート（パスを受けやすく移動する行為など），カバー（守っているときに味方を助ける行為など），ガード／マークなどの行動が，適切だったか不適切だったかを評価するものです[1]．

これらの基準で学習者を評価すると，ゲーム中にどの学習者がどれくらいよいパフォーマンスをしているかを確認できますので，もし使えるならかなり魅力的な評価法とも言えます．問題は，研究ベースではよく使われているのですが，日本の日常の体育授業で先生方が使用するには，ちょっと現実味がないということでしょうか．おそらく，ゲーム場面を動画撮影して，後から見直しながら評価しないと使えません．日本の小中高校の先生方に，そんな時間があるとは思えませんので，研究授業等，特別な日に使うというならともかく，日常使いには便利とは言えません．

同様のゲーム評価法にグリエーニュらが開発したチームスポーツ評価手順 (Team Sport Assessment Procedure：TSAP) というものがあります (Gréhaigne et al., 1997)．これは，相手のパスをカットしてボールを獲得したり，パスされたボールをキャッチしたり，ボールを失ったり，パスを成功させたり，シュートに成功した，などの項目を学習者どうしで数え合うというものです．これらの観察項目を使って，主にボールの所有権をどれくらい獲

得したり，失ったりしたかを調べるようです．こちらは，先に示したGPAIよりはわかりやすいようで，事実，子どもでも使えたと開発者たちは言っています．ただし，この評価方法を通してプレイヤーがわかることは，「ボールの所有権を簡単には失わないほうがいい」ということなので，集団での戦術を考えるヒントというより，個人の能力，特にボールを安全に受けることができるかどうかの能力の見極めになるのかもしれません．

　ちなみに，ゲームパフォーマンスの評価とは，最終的に個人にフィードバックしていくものだと思いますが，先に第2講でお示しした論文（MacPhail et al., 2008）では，その結論のページに思わぬことが記載されていました．それは，たった1つの「パスが成功する」という現象を見ても，その成功の要因が，投げた人にあるのか，守っている人にあるのか，受ける人にあるのかといった関係性が複雑に絡み合っているので，評価が難しいということです．そして著者らは，驚くような見解を述べます．「複数のデータソースを使用し，投球と捕球を関係性のある技能として捉えるデータを作成する中で，私たちは，学習の進歩を評価する際に個人を分析の単位とすることは難しく，おそらく不適切であることに気付き始めた．この研究が体育教育における評価に与える影響を探るうちに，ゲームプログラムにおける最も適切な分析単位はゲームそのものであるべきかもしれないという興味深い考えに至った」（MacPhail et al., 2008，翻訳は土田）．

　これは，球技の学習において，個人の技能評価をすることは難しく，場合によっては不適切だということです．そうなると，球技の技能評価ってどうなるんでしょうね．少し思

い切ったことを言うと，私は，学校の体育授業における球技の学習評価については，あまり個人の技能を評価しなくてもよいのではないかと思います．むしろ，自分たちに合った戦術を考えて伝え合ったり（思考・判断・表現等），自分（たち）に合った学び方を工夫したり（主体的に学習に取り組む態度）といった評価の観点について重点的に見ていく単元にしたらよいのではないかと思います．個人の技能評価は，それがわかりやすい器械運動や陸上運動，水泳運動など，「人と人との関係」ではなく，個人による技能が焦点化された単元で行ってはいかがでしょうか．

　さて，そうは言っても，この講の中心課題は，ゲームをどのように観察するかということです．上記の議論を踏まえると，個人の技能を評価するためではなく，チームが戦術を考えるためにゲームを観察する必要があると読み替えて考えていきましょう．

　この本の第4講では，「ボールの移動をめぐる競争」がテーマとして説明されました．そこでは，球技（ボールゲーム）というのは，ボール移動ゲームと考えられ，そこで2つのチームによって企てられているのは，ボールをゴールへ移動するということと，反対にその相手のボール移動を何とか阻止しようということの2つです．そうなると，個人のゲームパフォーマンスがどうかということの前に，ボールがきちんとゴール方向に移動しているのか，どのあたりに向かって移動しているのか，チームとしては知りたくなりませんか．戦術を立案するのは，そもそもチームです．そこで，ボールがどのように移動しているか，つまりはボール移動の様態（〈直進〉／〈迂回〉）を抜き出して，示してあげることが重要になってくるのです．

2　ボール移動の落下地点図や軌跡図

「無くて七癖」．人間のすることには癖があります．当然，球技をするときには個人やチームの癖（傾向）が現れます．そもそも，メディアで見るプロの競技スポーツなどでは，対戦相手のデータを集め，コンピュータやデータ分析の専門家の力を駆使して次の戦いに生かします．

人の動きにも癖（傾向）があるように，その人の動きや認識に影響を受けるボールの移動も，当然，何らかの傾向を示すことがあります．

例えば，バレーボールでは，サービスとしての第1打が相手の守るコートに落下するときに，中心化傾向，つまり真ん中に偏って落ちるという現象が見られます．

図9-1は，私の体育の授業（大学）でよく見られるサービスの落下地点図です（下の太い線がネットで，これより下にコートの残り半分があります）．小学校のソフトバレーでも，サービスを打つ位置をエンドラインの真ん中（届かない子は前から）あたりに×印を付けて固定化すると，2〜3時間目には中心化が見られます．自分も学生と一緒にバレーボールのゲームに入って何度もサービスを打ちましたが，面白いことに，隅をねらっても，どうしてもボールが真ん中に寄ってしまいます．サービスがアウトになると，相手の得点になって損となります．アウトにならないように慎重に打つと，この現象が起きるのです．この中心化傾向は，大学生の競技レベルのゲームでも起きることが以前から知られています（藤原，1987）．

大学生の体育授業の中でプレイしていると，相手のチームは，バレーボール部など，レシーブが上手な子が真ん中を守ります．対戦相手のサービスが真ん中に来るのがわかっているので（傾向），とりあえず一番上手にボールを拾える人を真ん中に置いて，反撃してきます（対策）．このように，相手の傾向に対して対策を立てること（傾向と対策）が，まさにチームとチームとの関わり（関係）ということになります．

次に，タグラグビーのようなゴール型の授業では，どのような図が役に立つのか考えてみましょう．

私は，20秒以内に相手のディフェンスラインを突破してトライできるかどうかという，タグラグビー風の突破ゲームを好んで取り上げています．ボールを取ったら逆速攻というターンオーバーはあえて無しのゲームです．なぜこんなゲームをやっているかという理由は，興味があったらこちらの文献をご覧ください（土田・榊原，2017）．

この実践では，図9-2のようなボール移動の軌跡図が使われています（Tsuchida and Isano, 2016）．

この軌跡図では，攻撃側のチームは左から右へと攻めています．攻撃チームは，20秒以内にボールを右のエンドラインまで持ち運ぶ

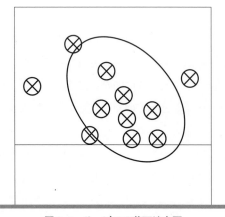

図9-1　サービスの落下地点図

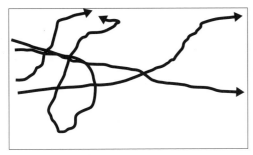

**図9-2 タグラグビー風ゲームにおける
ボールの軌跡図**

と、トライつまり得点が得られるというルールです。この図を見ると、トライに成功したのは、4回中2回です。私は、授業中にミニホワイトボードにこのような軌跡図を書いて、作戦会議をやっているチームを訪問します。特に守り方について相談しているチームには、この相手の癖（傾向）は貴重なデータになります。

私はまず、「どの線がトライに成功した軌跡？」と聞きます。学習者は、右までたどり着いた2本の線を見つけます。「では、トライが決まるときの特徴って何？」と聞き直すと、小学生や中学生でも「真っすぐの線！」と答えます（実際に、小中学校でも実践してもらっています）。

ここからは、攻め方を考えている学習者と守り方を考えている学習者で、軌跡図の見方が逆になります。まずは守り方を考えているチームの様子です。「相手がジグザグになっているほうがトライできないんだよ。真っすぐ行かせなければいいんじゃない？」、「じゃあさあ、みんなで真ん中にピラミッドみたいに並んでさあ……」などと、相手の（ボールの）進行の向きが真っすぐ前にならないように、つまりは迂回するようにしたらよいことに気付きます。それでもうまく迂回させられないときは、往々にして引いて守り過ぎるこ

とが原因として考えられます。後ろ側、エンドラインに近いところにピラミッドをつくっても、そこまでダッシュでボールを持って来られてしまうと、もう止められません。タグを取るといっても相手が加速してしまうとなかなか取れなくなります。

そこで図9-2に戻ります。私は「相手が思い切り走って来たら止められないんじゃない？」と聞き直します。そしてそのようなときは、自転車を素手で止めるたとえ話を好んでします。「もしあっちから全力で走ってくる自転車を素手で止めろと言われると、止められる？」（一同、ムリムリと首を振る）、「じゃあさあ、ここで走り出そうとしている自転車をこうやって両手で押さえたら？」、「止められる!!」。

本当に止められるかはさておき、子どもでも加速する前の物体は止めやすいのではないかという実感を持てます。これを「ボールの攻撃性」（Tsuchida and Isano, 2016）と呼ぶことにします。ボールというのは、真っすぐ速くゴールに向かっていくときが、一番止めにくい（攻撃性が高い）という理屈です。どの球技でも速攻が大事というのは、一つにはそういう理屈です。私は「どさくさに紛れて攻めちゃうのが一番いいぞ」と言います。しっかりゆっくり1本攻めようとすると、実は守っている側もしっかりじっくり守れてしまうのです。

球技というのは、目標地点（ゴールとか床面とか決められた空間）にボールを①真っすぐ、②速く移動するのが、最も止めにくい（攻撃性が高い）ということで、この①方向（真っすぐ）と②速さが2つの要素（変数）となっています。このような2つの変数を持つものが「速度」と呼ばれています。

さて，ボールの移動の軌跡に話を戻します．ボール保持者を加速させないようにするには，守っている側が，防御線を上げる，つまりなるべく早めに相手の最初の迂回（1ターン目）を発生させることが重要です．図9-2でも，トライできていない線は，最初の迂回（1ターン目）がすぐに発生しています（左寄り）．足の速い子が2人がかりで前に飛び出して守るなどすれば，ボール保持者はひるんで迂回したり，減速したりします．ぶつかる原因をつくったほうが反則にしていますので，ボール保持者も相手を回避する義務があるというルールです．守りはこのような感じで考えを進めていき，相手に突破されても次がいるという，防御線の層構造化などに基づき，分散配置で守るなど工夫をしていきます．相手の速度を落とす人，タグを取る人などの分業や，「タグは本当に取ったほうが有利？」などと発問したりしながら楽しみます．タグを取った防御者は，相手にタグを手渡して返却するまで，プレイに参加できないという裏ルールをつくってあるので，実はむやみにタグを取ると，守る人がいなくなってしまいます．

　攻撃するほうは，最初の時間に「パスをもっとまわしたほうがいい」と学習記録に書いてくる子が多数いますので，「それって本当？　パスをする度に下がっていくゲームをやっていますが？」などと意地悪なコメントを書いて返却すると，大学生でも「？？？」とプレイの意味を真剣に考え出します．前パス禁止のラグビーは，ボール保持者がとりあえず走らないと，ボールは前進しません．

　この「迂回」という発想は，バスケットボールの授業などでも使えます．ミニバスケットボールを習っていてボール操作が上手な子が，一人でボールを独占し，ドリブルを突いてジグザグに逃げていることがよくあります．そのようなときはこのボールの軌跡図を書いて見せてあげてください．「ちっとも前に進んでいないよ？」，「パスのほうが早くて楽じゃない？」と合理的に追求することができます．ある小学校のバスケットボールの授業で，このような情況で2人に囲まれて前進できなくなった経験者の子が，味方の子らに「助けに来てほしい」と頼み，パスで攻撃を成功させるという事例もありました（土田ほか，2013）．「全員にパスを回してからでないと，攻めてはいけません」という強制的なルールをつくるより，必要に迫られてパスの意味を知るような授業のほうが理想的かとは思います．

注

1) 今回紹介したゲームパフォーマンス評価法（GPAI）は，球技関係の研究論文ではおなじみの方法です．しかし，開発者の一人，グリフィンは，後日発表した別の共著論文の中で，彼女たちが提唱した戦術学習とGPAIに対し，アメリカの小学校あるいは保健体育専門の教師が積極的に関わっている可能性は低いと認めています（MacPhail et al., 2008）．

文献

藤原　徹（1987）バレーボールのゲーム分析—サーブの落下点とサーブレシーブの成功率に関する研究—．仙台大学紀要，19：15-21.

Gréhaigne, J. F., Godbout, P., and Bouthier, D. (1997) Performance assessment in team sports. Journal of Teaching in Physical Education,16: 500-516.

Griffin, L. L., Mitchell, S. A., and Oslin, J. L. (1997) Teaching sport concepts and skills: A tactical games approach. Human Kinetics: Champaign, IL, pp.219-224.

MacPhail, A., Kirk, D., and Griffin, L. L. (2008) Throwing and catching as relational skills in game play: Situated learning in a modified game unit. Journal of Teaching in Physical

Education, 27: 100–115.

土田了輔・阿部敏也・榊原　潔・與那嶺響・北澤太野（2013）分業に基づくバスケットボールの単元が子どもの学びに及ぼす影響. 教育実践学研究, 14(1)：11-21.

Tsuchida, R., and Isano, R.（2016）Teaching games by using the principle of aggressive ball movements: A developmental study of learning through teaching games, In: 2015 Game Sense for Teachers and Coaches Conference Proceedings, School of Sport and Physical Education. University of Canterbury: NZ, pp.178-186.

土田了輔・榊原　潔（2017）ゲームの原理をベースにした体育の指導について. 上越教育大学研究紀要, 36：677-687.

第10講 ゴール型の指導内容開発

① 「ゲームの理解」とは何を理解するのか？

サッカーやバスケットボールといえば，伝統的に学校体育の「二大球技種目」と呼ばれてきたように，ボールゲームの授業ではおなじみの種目でした．しかし，子どもたちには人気がある一方で，ボールの扱いをめぐる技量に大きな差があったり，刻々と展開するゲームのさまざまな場面で「何をすれば（どこにいれば）よいのかわからない」がゆえに「お客さん」などと蔑称されたりして，ゲームから疎外される子どもも決して少なくありませんでした．こうした問題を解消しようと技能練習を積んで「上手くなる」ことを目指しても，現実には，体育授業の限られた時間で大幅な進捗が得られることはほとんど期待できませんでした．

このような閉塞感を払拭する大きなきっかけとなったのは，いわゆる「戦術学習」（Bunker and Thorpe, 1982；Griffin et al., 1997）の考え方がわが国に持ち込まれたことでした．私たちのボールゲームの経験を冷静に振り返ってみればすぐに気付くように，集団対集団で行われるボールゲームでは，1個のボールに対して複数（少なくとも2人，多いときにはラグビーのように30人）のプレイヤーがいるので，ゲーム中の多くの時間（場面）は「ボールを直接扱うことなく」経過します．少し大げさに言えば，ボールゲームとは「ボールを持

たないゲーム」なのです．このことに注目すると，ボールゲームを楽しむ（＝価値を享受する）ためには，ボールを上手に扱うことが「できること＝技能」にもまして，ボールを持っていないときに，どこで・何をすればよいのか「わかること＝理解」が大事，ということになります．

こうして，「ゲームの理解」を重視する考え方は，ボールゲーム指導の主流となっています．このような動向の中で，サッカーやバスケットボールは「理解の内容が類似している」として，国際的には「インベージョンゲーム」，わが国では「ゴール型」に組み込まれています．授業では，その中の典型事例として個別種目を取り上げて指導することになりますが，ある種目で理解した「ゲーム中の動き方」は同じ型内の他の種目にも活用されるという，いわゆる「理解の転移」（Griffin et al., 1997）が期待されるので，すべての種目を直接扱わなくても済むというわけです．

そこで本講では，ゴール型の授業で押さえておきたい指導内容について詳しく見ていくことにします．

② ゴール型の仕組み

図10-1に示すように，「ボールを媒体とする成否の不確定な試し合い」の一種である「ゴール型」では，物理的対象（ゴール等）にボールを入れたり，特定地域（エリア，ゾーン等）にボールを持ち込んだりすることが試し

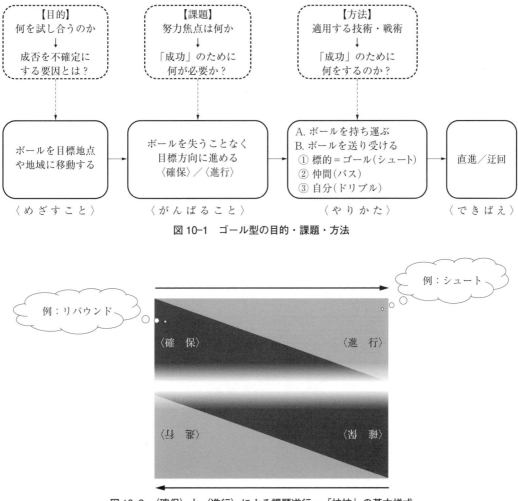

図 10-1　ゴール型の目的・課題・方法

図 10-2　〈確保〉と〈進行〉による課題遂行＝「拮抗」の基本様式

合われます．すなわち，「ボールを目標地点や地域に移動すること」をめぐる試し合いです．ここで，ボール移動の成否が不確定になるのは，互いに相手方のボール移動を阻止し，そのボールを確保して自チームのボール移動に供しようとするからです（図10-2）．したがって，ボール移動に成功するためには，「ボールを失うことなく〈確保〉し，目標方向に〈進行〉させること」に力を尽くさねばなりません．

3　課題遂行のバリエーション

　ゴール型で「ボールを失うことなく〈確保〉し，目標方向に〈進行〉させる」という課題を突き進めていく際，〈進行〉の仕方にはいくつかのバリエーションがあり，ボール操作や身体操作に一定の制限が加えられます．これに対応する形で，〈進行〉を阻止しようとする側の行為も制限されます．このような「味付け」が目に見える形で現れてくることが，個々の試し合いに「種目」の装いを与え，例えば「サッカーらしさ」や「バスケットボー

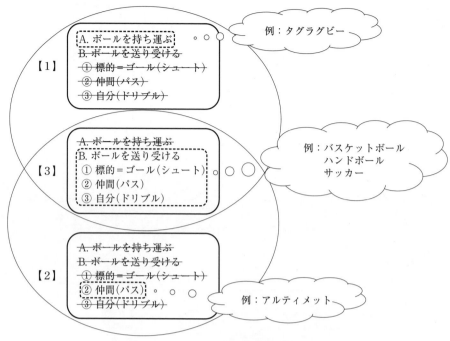

図10-3 ゴール型における課題遂行のバリエーション

ルらしさ」を醸し出しています．

　なお，これらの「味付け」によって，成否の不確定性はひとまず一定範囲内に維持される仕組みになっていますが，このことは同時に，「別様の味付け」もあり得ることを示唆しています．特にボールの扱いが難しいゲームの場合，往々にして「ボール移動を阻止する側」が優勢になり過ぎ，「拮抗」がアンバランスになってしまう（＝「ボールの移動」がほとんど叶わない）ことがあります．この場合，〈確保〉や〈進行〉の制約を緩和したり，逆に強めたりすることで，成否が不確かであることの面白さに子どもたちを触れさせていく工夫が求められます．

4　ゴール型の指導内容

1）ボールの攻撃性

　自チームと相手チーム，双方のプレイヤーがボールに密集してダンゴ状になり，ゲームが膠着してしまう……バスケットボールの授業でよく見られる光景です．ましてや，これがサッカーともなると，足でボールを操作することの難しさが加わるので，事態はよりいっそう困難になるでしょう．そこで一息入れて，チームで作戦会議をすると，「パスをつないで……」とか「広がって……」といった声が各チームの輪から漏れ聞こえてくるかもしれませんが，その「作戦」には実効性はあるのでしょうか？

　このような場面でまず確かめなければならないのは，「ボールを移動するゲーム」なのにボールが移動していない（密集状態でボールを動かせない）という現状です．そしてその最大の理由は，ボールの操作が（子どもにとって）難し過ぎ，〈確保〉に手一杯で〈進行〉に及ばないからではないでしょうか．もし偶発的に〈進行〉が叶ったとしても，受け手がそのボールを取りこぼさないよう〈確保〉するこ

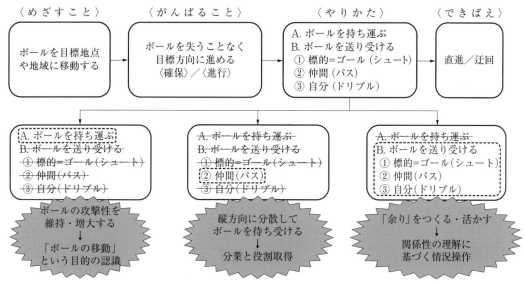

図10-4 ゴール型における指導内容の系統性・発展性

とがおぼつかなければ，再び密集が発生するでしょう．

このようにボールの「送り受け」が子どもたちにとって高い壁になっているのであれば，他のバリエーション，例えば「持ち運び」に目を向けてみてはいかがでしょう．ボールを持って（抱えて）走るだけなので，〈確保〉は至って簡単で，もっぱら〈進行〉に意識が向けられます．何より，ボールの移動速度が人の走る速度を超えることがないので，〈進行〉の具合を目視することができ，したがって相手方はそれを阻止することを意図的・組織的に行うことができます．

このような試し合いの経験を手がかりとして，

① ゴール型ではどのゲームも共通して，「ボールを目標地点や地域に移動させること」を目指すこと（ゲームの目的）．
② この目的に迫るために，「ボールの攻撃性（速度と方向）」を保ち，さらには増大させることが重要であること．

等々についての理解（「わかる」こと）を図っていくことができます．

2)「手分け」の知恵

集団対集団で行われる試し合いで，「ゴール型」という名前から連想される，「シュートを決める」というシーンに登場するのは，たったの1名です（通常，ボールは1個しかないので）．しかし，実際のゲームでは「ボールを失うことなく〈確保〉し，目標方向に〈進行〉させる」という課題をすべて1人で賄うことは難しいので，多くの場合，チーム内の複数名で手分けして担っていると考えられます．

しかも，無造作に広がるのではなく，「目標方向への〈進行〉」に利するような位置取りを工夫するのが合理的です．つまり，手分け元から手分け先へとボールを託し，確実に目標地点や地域に近付けていく（＝前進する）ために，「縦型分散配置」を基調とする布陣で「送り受け」を行うことがポイントです．

このように，チームで「力を合わせる（結集）」ためには，各々が異なる場所に「分散」する必要があり，そして，それぞれの場所で各自がどのような仕事を受け持つのかを明確

にする「役割取得」も大切です．これらは，一人ひとりが「チームに欠かせないメンバー」としてゲームに参加できるようにするための重要な指導内容となります．

3）空いている場所や人の創出と活用

先の図10-2のように「拮抗」する相手と試し合う場面では，ボールの〈進行〉を目論む者と，それを阻止しようと対峙する者との1対1のせめぎ合いが際立ってきます．ここで，個人の（ボールを操作する）技能を磨いて相手に打ち勝つというのは一つの方法ですが，体育授業の時間的・空間的制約の中で技能の熟達を求めていくことには限界があります．むしろ，ゴール型の構造的特徴を念頭に置きながら，「いま・ここ」で実施されている「私たち」のゲームを注視し，どんなことが「困り事＝課題」になっているのかを見極めることを通じて，ゲームの当事者たちに見合った「賢い」解決策を打ち出していくほうが現実的と思われます．

ゲーム中に抱える「困り事」は千差万別ですが，おしなべて言えることは，そうした困難は自分のプレイが相手に妨げられることに起因するということです．したがって，「（相手チームとの）試し合いを（自分は）試し合わずに済ませる」ことができれば，プレイの自由度は格段に高まります．つまり，「余り＝余剰人員」をつくり出すということです．競技の世界で用いられる，（各種目特有の名前が付いた）技術・戦術は，一見すると複雑な動きのように映りますが，結局のところ「どうやって余りをつくるか」という知恵比べであり，体育授業の子どもたちと同じこと，すなわち「関係づくり」を目指しているのです．

文献

Bunker, D., and Thorpe, R.（1982）A model for the teaching of games in secondary schools. Bulletin of Physical Education, 19: 27-31.

Griffin, L. L., Mitchell, S. A., and Oslin, J. L.（1997）Teaching sport concepts and skills: A tactical games approach. Human Kinetics: Champaign, IL.

第11講　ゴール型の教材演習

1　「突破 de Go！」
：ボールの攻撃性（進行性）の維持・増大

　この節のタイトル，「突破de Go！」は，本書の共著者らと実施していた勉強会で，仲間の一人（廣瀬勝弘氏）が教えてくれた話にヒントを得て，私が教材化に着手したゲームです．

　このゲームは，バスケットボールコートを使って5人対5人（人数はいろいろあってよいと思います）がコートのエンドラインに並び立って向き合い，20秒以内にボールを向こう側のエンドラインに運び込めるか，あるいはそれを阻止できるかというきわめて単純なゲームです（第9講の2をご覧ください）．

　ラグビーをモデルにしたので，前パスは禁止です．ボールを保持している人は，自分の横から後ろにいる味方に対してパスすることはできますが，基本的にパスばかりしていると，ボールは限りなく下がっていってしまいます．ターンオーバーもないので，ボールを相手チームに取られたり，保持し損なったボールがコートの外に出たりしたら，ゲームは止めてしまいます．

　このゲームは，小学生から大学生，現場の先生方の研修でも広く紹介していますが，ゲームを発展させていって，徐々にメディアで見るようなラグビーにしようという気はさらさらありません．楕円形のボールの投げ方や受け方に時間を使うこともありません．つまり何らかのメインゲームにつながるタスク

ゲーム（「タスク（課題）」はあります）ではないのです．

　では，なぜこのような単純なゲームをやっているのでしょうか．それは，「ボールを目的地に移動していく」という球技全般にある特徴を深く学ぶのに適しているからです（土田・榊原，2017）．

　日本では，これまでにバスケットボールやサッカーを二大球技として学校体育で取り上げてきた歴史があります．それが影響したのか，わが国ではボールを全方向にパスするのが当たり前になっている現状があります．私が勤務する大学でも，入学直後の体育実技でこの「突破 de Go！」を実施すると，ほとんどの学生が，思わず前にパスをしてしまいます．第9講で示したように，ボールの軌跡図を描いてみると，ボールが迂回ばかりして，ちっとも前に進んでいないという現象が起こります．しかも，もっと興味深いことに，授業の初日の学習記録に「次はもっとパスをたくさん回そうと思います！」と書いてくる学生が多いのです．

　実際，初回の授業ではボールを抱えて走る人は，対戦相手が向こう側から迫ってくると，すぐにボールを味方の誰かにパスしようとします．相手の誰かが近寄ってくる前に，走って前進することもせず，パスが2つ3つとなされます．そうなると，ボールはコートの半分にも至らず，走り出したエンドラインの方向に下がって行ってしまいます．当たり前で

59

表 11-1　突破 de GO！基本ルール

攻撃	ゴールラインから攻撃開始．
	攻撃は 20 秒以内に相手敵陣のゴールラインに向けて攻める．ゴールラインの向こうに身体の一部がたどり着けば攻撃完了（トライ）とする．
	攻撃は 2 回連続して行ったら，攻守交代．
防御	守るチームは，主に腰に付けたタグを取ったり，正面に立ったりすることで相手のボール保持者の進行を妨害することができる．
	攻撃者に保持されているボールは直接奪わない．
	タグを取ったら，「タグ！」と叫んで全体に知らせる．
タグ（タグひもを取ること）	タグをした人とされた人は，それぞれ①タグをした人はタグを取った本人に手渡しするまで，②タグされた人はタグをベルトに付けるまではプレイに参加できない（味方へのパスは先にしてよい）．
	「タグ取り」は，ボール保持者のみに許される．
	攻撃側はタグされたら，タグを取られた場所に戻り，3 秒以内に味方にパスをする．この再開パスを防御はカットできない．
防御の反則	激しくぶつかる．
	ボール保持者以外のタグ取り．
攻撃の反則	ボールより前に出て防御者にぶつかる（単に前に出るのはよい）．
	立っているだけの防御者にぶつかったり，走りながら手で防御者を払いのける（攻撃者は防御者に進行方向正面に入られたら接触を避ける）．
	前方へのパス（前パス）．
ゲーム停止	トライ（得点）を決める．
	ボールがラインから出る．ボール保持者の足が一部でもサイドラインに触れるか出る．
	転がったボールを防御者が保持する．
	攻撃が前パスの反則をする．
	防御者が再開パスのカットをする．
	身体接触の反則が起きる．
ゲーム停止後の再開方法	ゲームは継続せず，ゴールラインに向かい立ち新しいゲームを開始する．

すが，前パスができないゲームでは，パスをすればするほど，ボールは横に移動するか，多くの場合，下がってしまいます．やがて無情にも 20 秒の制限時間が来たことを告げるブザーが鳴り響きます．

しかし，ボールを前に移動していくのに，実は一人で突っ走ったほうがいいということに気付く人が出てきます．小学生や中学生でも，このことにすぐ気付きます．

第 3 講のボールゲームの仕組みでも述べられているように，球技（ボールゲーム）は，ボールを目標地点に移動していくという単純な構造を持っています．この構造を踏まえて考えると，特段の理由がない限り，ボールは目標地点に真っ直ぐ速く（早く）持っていったほうがよいことがわかります．ボールがどこかへ移動していくという進行性を考えると，合理的ということです．ところが，ボールの移動を誰かが妨害するという「特段の理由」が出て来ると，仕方がないのでボールを回り道（迂回）させる事態が生じます．それでもなるべく素早く迂回したほうが，妨害する側から見ると脅威になります．このことは，ボールの進行を妨害しようとする側の，防御体系の構造化（整え方）が影響してくるからです．

少し難しい言い回しですが，なるべく単純化して説明しましょう．第4講では，「防御境界面の層構造化」について述べられていました（p.19参照）．ボールのような物体（とそれを持った人）が移動していく場合，その移動を阻もうとする側は，防御境界面をつくって行く手を阻もうとします．しかし，この防御境界面も，いずれは突破される可能性があるわけです．そこで，チームという集団は，「突破されても次」，「突破されても次」，というように，防御境界面をいくつも用意して（防御境界面の層構造化）[1]，相手の突破に備えます．そして一度突破された防御境界面も，新たに後ろなどにつくり直して（再構造化），ボールがゴール方向に移動していくのを，何とか阻もうとするわけです．この防御境界面の再構造化をしようとしても，ボールがあっという間にゴール方向に移動すると（すなわち，速度を増した場合），防御境界面をつくり直すのが間に合わなくなります．こうした理由で，ボールゲームでは原理的に，速攻が有利と考えられるのです．速攻と書きましたが，スマッシュとかスパイクなどと呼ばれている，ボールの速度を高めてボールを目標空間にたたき込む行為も含んでいます．ただし，ボールの速度を高めることにはリスクも伴うので（途中で失敗するなど），プレイヤーの技能と相談ということにも注意が必要です．

このゲームは，ラグビーをモデルにしていますので，前パスは禁止です．ボールは進行方向に向かって横か後ろにパスしていくしかありません．そうなると，防御境界面を構造化するほうも，ボールとコンタクトするであろう部分と，その横方向に主だった人員を配置し，パスとその後の突破に備えます（防御境界面の横型分散配置）．どこかが突破されたら，近くの者がカバーに入って新たな防御境界面を整えますし，突破された人員もすぐに後ろに回り込んで，新たな防御境界面を再構築していきます．この防御境界面のつくり直しに時間がかかるので，素早く突破されると不利になります．すなわち，攻める側は，速攻が有利ということになります．

下のルールでゲームをすると，実は面白い発問もできます．

「タグは本当に取ったほうがよい？」というのがそれです．守るほうは，タグを取ったら相手に手渡しで返却するまでプレイに参加できません．ですから，足の遅い子を2人の防御の間にゆるゆると走り込ませ，わざと防御者2人にタグを取らせれば，攻撃が数的に有利になったりします．私はこれを，裏コードと呼んでいます．また，攻撃側も，ボールを後ろ手に保持して隠し，誰がボールを持っているかわからない状態で走り抜けるということもやります．全員が後ろ手でボールを持っているふりをすると，守るほうも誰を止めていいかわからなくなって，防御を分散配置（散らばって守る）するしかなくなります．ボールの位置がわからなくするプレイはバスケットボールやアメリカンフットボールなどでもやりますので，ボールゲーム一般の面白さを味わうことができます．持っているふりは演技力があれば誰でも貢献できるので，体力やボール扱いの技能と関係なく貢献感が得られます．このように，対戦相手と駆け引きをすることこそが，立派な「関係づくり」になっていきます．

❷ バスケットボール風ゲーム

タグラグビー風ゲームで使った「迂回」という発想は，バスケットボールの授業などで

も使えることは，第9講でもお示しした通りです．バスケットボールの経験者は，体育の授業でもドリブルを多用することがあります．近年では，股や背中に何度もボールを通過させるようなパフォーマンスを見せる子どもも増えました．しかし，どんなに派手なパフォーマンスを見せても，ボールが前進しなければ意味がありません．逆に相手のドリブルでやられているチームにボールの迂回の様子を見せて「右にばかり行こうとしてない？」とアドバイスすることもあります．人間は利き手を多く使うものです．これはプロでも同じです．相手を左手側に追い込んでミスを誘うのは意外とお得な守り方です．

図11-1のシュートマップもゲームの「見える化」としてよく使用します．○はシュートの成功，×は失敗を表しています．このようなデータで現実の体育のシュート確率の現状を突き付けて「何人で守れそう？」と発問します．バスケットボール経験者がすぐにマンツーマンとかマークと言い出すことがありますが，この図を見て全員でないと守れないというのは，あまりにも非現実的です．1人か2人で守って，「守らない人は何をすればお得？」などと投げかけます．現実の相手と

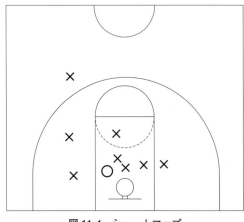

図11-1　シュートマップ

「関係づくり」をするには，「とにかくマーク！」では困るわけです．場合によっては，遠くからのシュートを打たせようと考えるほうがお得です．そのようなときは「君にとって守るっていうのは何をすること？」，「それって守ることになっている？」などと発問することも可能です．行為の意味を深く考えることが大事です．

先に紹介した「突破 de Go！（タグラグビー風ゲーム）」でもそうなのですが，攻撃がある程度有利になってくると，防御側がどう頑張っても攻撃を止められなくなってしまい，授業の進め方が難しくなると恐れる先生も多いのではないでしょうか．でも発想を変えてみてください．守り方学習に持ち込んだほうが，困ったときに教師の介入がしやすくなります．なぜなら，ボールゲーム系の授業において，最も技能差が出るのは，ボール操作だからです．逆に言えば，守り方というのは，みんなで協力して考えれば，難しい技能はいりません．アイディアを寄せ合えば，「効果」すなわち相手のボール移動の失敗に結び付くことが多いのです．効果が実感できるので，学習者の作戦に対する取り組みが明らかに違ってきます．

この現象が本書のメインテーマでもある「関係づくり」ということになるのです．相手チームがこのように攻めてくる（傾向），だからこちらはこのように守る（対策）．この傾向と対策が，まさに相手チームとの「関係づくり」です．相手が何をやってきても「関係ない！」では，ボールゲームの醍醐味は味わえません．この「キモ」を見誤り，パスやシュートの動作トレーニング（動きづくり）に走ってしまう実践が多いのですが，そちらにかける時間より，もっと相手と関わる時間を

取りましょう．もちろん，小学生や中学生は攻め（ボール移動）のほうが（はじめは）好きです．単元前にアンケートを取ると，「シュートを決めたい！」などと答えてくるでしょう．しかし，だからといって，子どもたちは守りが嫌いと解釈するのは早計です．むしろ，まだみんなで協力して守る楽しさを知らない，といったほうが正しいと思います．知らないものは，答えようがないので，「シュートを決めたい」と書いてくるのです．私もできれば全員にシュートを決めてほしいのですが，ボールゲームというのは「みんなが異なることをしながら協力・貢献する分業文化」です．どうしても役割が偏ってしまうなら，単元の途中までは何らかの自分でできる役割を探して極めていき，単元の最後のほうでは役割交代の指示を出すというのがよいでしょう．中学校や高等学校では時数が多いので，単元途中で役割交代を入れたりするのもよいでしょう．ただし，頻繁に役割を入れ替えるのは反対です．それをすると，何の役割にも慣れることができず，結局何をしたのかわからないまま単元が終わってしまいます．

　ちなみに，前パスなしのタグラグビーの後でバスケットボールやサッカーをやると，ボールより前に位置取る意味がわかってきます．タグラグビーでは前パスなしなので，ボールより前にいることに意味がないと学べますが，今度は逆です．前パスがあるから，前で待っていることに意味があると気付けるのです．そうなると防御もいつ前パスが飛んでくるかわからないので，割と縦長の防御境界面を何層か構造化しなければいけないことを学びます．「何人で守れそう？」といった発問から始まり，少しずつ防御境界面を何層かつくっていけば，縦型分散配置の構造化が始まります．

注

1) 移動してくる何かを防ぐために，人間は防御線をいくつか張り巡らして，層構造をつくってきました．例えば，戦国絵巻で有名な長篠の合戦屏風では，屏風画面左側に陣取っている織田・徳川連合軍は，右側から侵入しようとする武田の騎馬軍に対して，何層かの防護柵を設けて突破を防いでいるのがわかります．

　　大阪城のような城にも，内堀と外堀という防御線の層構造化が見られます．水堀は，もし泳いで渡ろうとすれば，走るより泳ぐほうが速度が落ちますよね．そしてたとえ泳ぎ切っても，城壁という高い構造物による防御線があれば，兵員は移動できませんね．

文献

土田了輔・榊原　潔（2017）ゲームの原理をベースにした体育の指導について．上越教育大学研究紀要，36：677-687．

コラム3　　　　　　　　　　　　　　　ボールゲームと身体知

　ボールゲームは，複数人が「自分と味方」，「自分と対戦相手」，「自分と用具」などと関わりながら，自らの行為を決定し，集団で目的を達成していく「関係づくり」による学びを基調としています（土田，2020）．私は，ボールゲームの有する関係づくりの特性を，学校の教育活動全体にまで拡張させている高等学校の体育授業を3年間にわたって観察しました．その学校には，過去に不登校の経験や，発達障害の傾向から集団に対する不適応やコミュニケーション面での課題を抱える子どもたちが通っていました．このようなさまざまな背景を持ち合わせる子どもたちと日々向き合う保健体育教師は，個々の事情を鑑みた上で，他者との関係性を構築させるために，フライングディスクを使って試し合う「アルティメット」を教材化して授業を実施していました．

　このアルティメット風ゲームでは，種目に倣いディスクを保持したまま移動することができないルールを採用しています．つまり，目的地までディスクを移動させるためには，必ず他者が必要になるような仕組みが埋め込まれています．もちろん，これまで他者との交流に困難さを経験してきた子どもたちは，「進行を阻止する相手がいようともディスクを投げる」，「近い距離でも強くディスクを投げる」など，ディスクの授受が上手くいきません．しかしながら，ディスクが移動できない情況のゲームが続く中でも，仲間との距離を調整した受け渡しの練習やゲームを重ねることを通じて，距離感や位置取りに変化が生じ，着実にディスクを受け渡しながら，ゴールに進むことができるようになってきました．

　これらは一見すると，人の位置関係の意識的な修正として捉えることができるでしょう．一方で，人間学的現象学の立場からは，人が見えている「知覚」の世界と，「感覚」という感じている世界は区別して捉えることができます（山口，2012）．つまり，ディスクを持たない子どもが味方に意識的に近付いている一方で，それが可能となっているのは，その意識の背後でディスク保持者と進行を妨げる相手や味方の「投げる・捕る・走る」などの能力を感じているためです．この「できる能力に対する間隔の関わり」（金子，2015）が子ど

もたちに受動的に構成されたために，コート上の〈ここ〉を決断することが可能となったと捉えることができます．さらには，ディスクの授受は，出し手と受け手に構成された情況が合致してきていることも意味します．当該学校の子どもたちの特性上，言語を介したやり取りは少ないですが，ゲーム等で行われるディスクの受け渡しからは，共有体験によって構成された身体知の形成を捉えることができます．

　しかしながら，このように子どもたちの身体を介して構成される関係性は，アルティメット風のゲームを適用すれば自ずと生じるわけではありません．

　子どもたちはこれまでの経験から失敗したくない・自分の失敗で仲間に迷惑をかけたくないと感じながら，体育に参加してきたと言います．そのため，授業を担う体育教師は，アルティメット風ゲームにアメリカンフットボールのように3回の攻撃権，攻守の切り替え（ターンオーバー）をなくしたルールを取り入れて，子どもたちが安心して取り組むことができるように教材化しています．さらに，ディスクの受け渡しの「できる―できない」という結果の成否で判断することはなく，子どもたちの運動感覚的意識や相互の関係性，情動面を読み取りながら，常に共感的な態度で接しています．つまり，子どもたちが自らの身体を通して学び，相互の関係性を構築していくことが可能となるのも，常に複雑な人間関係を捉えた上で，授業をデザインしている教師の存在があって成り立っているのです．

　このように「関係づくり」としてのボールゲームの学びに対して身体知の枠組みを取り入れることで，子どもたちの動き一つひとつの意味や価値を多元的に捉えることが可能となり，より深い理解を後押しすることになるでしょう．

文献

金子明友（2015）運動感覚の深層．明和出版：東京．
土田了輔（2020）タグラグビーの"簡易化"を考える―「外的簡易化」から「内的簡易化」へ―．体育科教育，70(9)：16-19．
山口一郎（2012）現象学ことはじめ―日常に目覚めること（改訂版）―．日本評論社：東京．

第12講 ネット型の指導内容開発

1 「ネット型」は指導されているのか

　周知の通り，ボールゲームの指導内容は2008（平成20）年の学習指導要領改訂以降，小学校中学年から高等学校まで一貫して，個別種目名ではなく「型」で示され，各型で採用可能な運動（種目）が「内容の取扱い」に例示されています[1]．したがって，例えば「バレーボールの授業」を実施するというのは，バレーボールを個別種目として指導することではなく，バレーボールというネット型の典型事例を手がかりとしながら，「ボールゲーム」という山の上に立って「足元（バレーボールや他のネット型種目）」を眺望することを意味します．つまり，授業を受け持つ教師には，このような「鳥の目＝メタ的視座」からネット型というまとまりが形成される経緯についての理解を導き，これを礎としてボールゲームという文化の継承・創造へと子どもたちを誘うことが託されているのです．手短かに言うならば，バレーボール「を」ではなく，バレーボール「で」，同じ型に属する他の種目にも通ずる抽象度の高い見方・考え方を形づくることが重視されているのです．

　ところが，体育授業の実践現場を見渡してみると，いまだ個別種目に執着し，その種目の関係者が話す「業界用語＝種目の専門用語」を使って，その種目に熟達した選手たちが行うようなゲームを外見的になぞるばかりの指導が少なくないように思われます．例え

ばバレーボールの授業では，オーバーハンドやアンダーハンドによる「基本的な技能」を繰り返し練習し，これを「活用・応用」して，高い位置からネット越しに勢いのあるボールを打ち込むことを含む「三段攻撃」によるラリーを展開する（ことを単元目標や授業目標に設定する），といった具合です．ここで指導される，例えば「オーバーハンドパス」や「アンダーハンドパス」等の名前が付いた主要局面の動き方はもちろん，バレーボール特有のそれであり，同じネット型に属する他の種目では使われません．つまり，このような授業で行われるのはあくまでバレーボール種目の技術指導であって，ネット型の指導ではありません．仮にテニスやバドミントンを指導することがあっても，それらはバレーボールとは別物であり，それぞれ「テニスの指導」や「バドミントンの指導」の域を出ることはないでしょう．ましてや時間・場所の制約によってテニスやバドミントンを扱わないことになれば，いよいよ子どもたちはバレーボールという個別種目は履修したとしても，ネット型については未履修ということになりかねません．

　このような実態は，いろいろな種目をネット型として取りまとめるに当たって，それぞれの種目をネット型全体の中の適切な部分として位置付けていくという手続きが，いまだ十分に整えられていないことに起因すると考えられます．ここに，同じ型内の他の部分と

の共通点と相違点を捉えるための構造的視点が欠落し，もっぱら外見的・表層的なゲームの印象に依存した指導が行われているという問題情況が浮かび上がってきます．

② ゲームの分類視点

指導内容の精選に向けてボールゲームを分類し，適切な選択を行うためには，多くの球技種目の中で特徴の類似性を見極め得る一定の基準が明らかでなければなりません．そこで，ゲーム中に観察される戦術的行動の特徴に基づいてボールゲームを分類しようとするアイディアが次々と打ち出されてきました（シュティーラー，1980；Döbler et al., 1989；Griffin et al., 1997）．その影響はわが国にも及び，同様の観点からの見解が示されてきました（高橋，1993；佐藤・浦井，1997；林・後藤，1997）．こうした文脈において，例えばバレーボールは，「攻防分離系（連係プレイ型）」，「打ち返し型」，または「ネット・壁型」に類型化されています．すなわち，「攻撃と防御が分離した状態で」，「連係プレイを用いて」，「ボールを打ち返すという仕方で」，あるいは「ネットの向こうとこちらで」という具合に，ボールを媒体として相手方と試し合う際の「方法」を捉えてカテゴリー名が与えられてきました．

しかし，実際にゲームを行うプレイヤーの目線をなぞってみると，まずもって意識の前面に立ち上がって来るのは，「いま・ここ」に参集した「私たち（自チームと相手チーム）」は何を試し合うのかという「ゲームの目的」に他なりません．そして，その試し合いを「どのような方法で」行うのかは，あくまで副次的な問題であることに気付くでしょう．スポーツの歴史が教えるように，ゲームに興ずる人々は，「どちらが勝つか，やってみなけ

ればわからない」という成否の不確定性を醸し出すための「味付け」に工夫を凝らしてきました．やがてその所産が整えられると（ルール等の制定），これに沿ってゲームの課題を解決していくためにさまざまな方法が考案されるようになりました．それらの中でより合理性を持つと人々に認められ，受け継がれてきたものが，今日，私たちの間に広く知られている技術・戦術であると考えられます．

したがって，ボールゲームの授業では，そのような「試し合いの行い方」が一定の合理的な方法として承認されるようになった歴史的・文化的・社会的経緯に思いを致すことの重要性が際立ってきます．指導に当たっては，そうした「行い方」に熟達するための試行錯誤の果実として技術・戦術が編み出されてきた，という価値や意味の世界に子どもたちを誘うことが大切にされなければなりません．原初的な「試し合い」が長い来歴の中でゲームの色彩を帯びてきた，その「仕組み」をひも解いていくことの意義がここに見出されます．

このことを踏まえると，ボールゲームの分類視点とされてきた従来の「一定の基準」は抜本的な見直しが必要です．指導内容の精選を推し進めるためには，あらためて試し合いの目的を見定めるとともに，その目的を果たすために解決しなければならない課題のありようを明らかにし，これに適応した解決方法を探るという一連の手順を整備する必要があります．

③ ネット型のゲーム構造

そこで，ゲーム構造論（鈴木，2024）に照らしてネット型を眺めてみると，この型に含まれるあらゆるゲームでは，ボールを，ネット

第12講　ネット型の指導内容開発

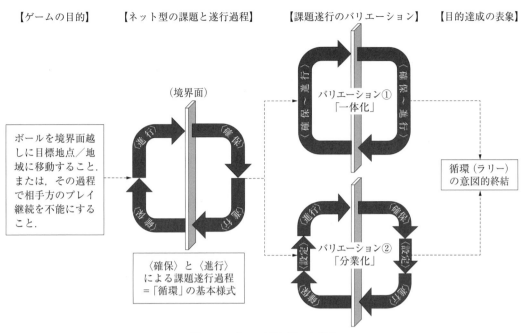

図12-1　ネット型のゲーム構造

またはこれに準ずる「境界面」を越えたところに設定された目標地点／地域に移動することが目指されます．この目的を達成するためには，まずもって移動するためのボールを「確保（possession）」[2]することが必須要件となります．晴れてボールの確保に成功した場合，そのボールを目標方向に「進行（progression）」させることで，「目標地点／地域へのボール移動」が叶います．対する相手方は，ボールの確保を妨げ，ボールの進行を阻止することを目指します．こうして目標地点／地域へのボール移動をめぐって対峙する二者（チーム）間に構成される拮抗関係が，ネット型の存立基盤となります．

ここで，二者（チーム）を地理的に分離する境界面を挟んで試し合いを行うネット型では，境界面を越境（相手方の領域に侵入）することは禁止されています．そこで，ボールを確保した後に目標方向に進行させる一連の試みは，境界面の「こちら」と「あちら」で交互に，

すなわち循環的に行われます．この様子は一般に「ラリー」と呼ばれ，ネット型に属する種目に共通し，かつネット型ならではの特性を醸し出す文化的価値を担っています．

目標地点／地域に向けてボールを移動させようとする過程に生起するラリーは，これを意図的に中断すること，すなわち相手方のボール確保あるいは進行を不能にするという形で，試し合いの成功として結実します．こうした課題解決は，①ボールの確保と進行の運動組み合わせである「打ち返す」という仕方で一体的・独力的に行われる場合と，②ボールの確保から進行までのプロセスを複数名で受け持って分業的・協働的に行われる場合があります．

ここで，テニス，卓球，バドミントンのような，いわゆる「一発返球」のゲームで課題解決の分業を容認すれば，ラリーを意図的に中断することはあまりにも容易になるので，ゲームの面白さが失われてしまうでしょう．

成功し過ぎる，あるいはほとんど成功が見込めない試し合いは，そもそも試し合いにならないからです．それゆえ，これらの種目ではルールで課題解決の方法を①に限定することによって，「成否の不確定性」を保っていると考えられます．

他方，バレーボールで分業的・協働的な課題解決が認められなければ，一定程度高さのある境界面越しに一発返球しても，相手の返球を不能にすることはあまり見込めません．それゆえバレーボールでは，ボールの確保から進行に至るまでに複数名が加わってもよいことにして，成否の不確定性を保っていると考えられます．重要なのは，「ルールでそう決まっている」と無吟味に受け入れてしまうのではなく，「ルールでそのように決めた」ことの経緯に思いを致し，バレーボールをはじめとするネット型の各種目の位置取りを確かめることです．

❹ ネット型の指導で見出すべき「良いプレイ」

第4講で詳述した通り，ボールゲームの指導で「攻め方」や「守り方」を教えることは原理的に不可能なのでした（もちろん，攻撃や防御として効き目を発揮することが期待される「動き方」を教えることは可能です）．はじめから攻めたり守ったりするのではなく，ゲームの渦中に出現する確保から進行に至る課題遂行のありようが，結果的・事後的に「上手く攻めることができた」あるいは「しっかり守った」と回顧されるのでした．

したがって，ネット型における良いプレイとは，相手方との関係を度外視してその種目に特化した技術・戦術を繰り出すことではありません．現実の試し合いに臨む「いま・こ

こ・私たち」の情況，すなわちゲームの「傾向」を過不足なく捉えるとともに，これに適った（私たちにできそうな，効き目が期待できる）「対策」を講ずることに他なりません．バレーボールのゲームで「お決まり」のごとくいわゆる「三段攻撃」を無吟味に要求する前に，そもそもゲームの当事者たちが直面している課題を解決する上で，3種類（確保，設定，進行）の分業体制を敷くことが本当に得策なのか，他にもっとお得な方法はないのかと，いま一度熟考する余地は多く残されています．さらにこの問題は，テニス，卓球，バドミントン等が外見的に捉えられる「一発返球」に尽きるものではなく，その中に確保と進行という複数の課題遂行が埋め込まれていることにもリンクします．

したがって，例えばバレーボールを扱う授業では，バレーボール「の」良いプレイを教えるのではなく，バレーボール「で」良いプレイとは何かを教えることになります．「ラリーの終結」に貢献するプレイは，強烈なスパイクに尽きるものではありません．自チームのボール確保を安定化し，相手方の確保を困難化するという明確な意図を持った働きかけにこそ（たとえそれが地味で容易なものであったとしても），ネット型の良いプレイとして高い価値が与えられるべきです．

このような物言いに対しては，「一発返球に終始するゲームだけでバレーボールの単元を終了しても構わないのか」と，批判の声が上がるかもしれませんが，返答はもちろん「ノー」です．むしろこのような場面は，「ボールを目標地点に移動する試し合い」における「攻撃性」の概念を指導する絶好の機会と捉えられるのではないでしょうか[3]．ボールの移動は，できれば最短距離を直進し

たいところですが，ネットのような遮蔽物があったり，相手が妨害してきたりする場合には，これを迂回（バレーボールの場合，上方への「回り道」と考えられます）せざるを得ません．この迂回をできるだけ小さくすることが，攻撃性を維持・増大するためのポイントとなりますが，一発返球では，境界面（ネット）を越えるために山なりの，つまり大きく迂回したボール移動しかできません．このことに気付き，ではどうする，と思案することが学習の起点となるでしょう．

　もちろん，ここで教師が「こうすればよい」と解決策を提言するというアプローチもあり得ますが，現代の教育思潮を鑑みれば，この場面では子どもたちの気付きや主体性を大切にした指導が求められます．したがって，スパイクの成功がほとんど見込めないからといって，これを否定して「相手に確実に勝つためにはパスでどんどん返したほうがよい」などと助言するのではなく，まずは試してみて，その解決策の合理性や不合理性を確認した上で，よりよい方法を探索するよう導くべきです．もちろん，体育授業の限られた時間で熟練者が行うようなゲームに発展することは現実的でありませんが，だからといって手っ取り早く「動き方」を教えて覚えさせるのではなく，なぜ分業が合理的な方法として採用されているのかを検討し，子どもたちにとって実現可能性が一定程度見込めるところから部分的に実践していくという手立てが有用でしょう．

　このように，ネット型（の典型事例）としてバレーボールを取り上げるのであれば，「循環の基本様式」とその変形である「バリエーション②：分業化」の特性に加えて，「バリエーション①：一体化」についても触れるこ

とによって初めて，バレーボールというスポーツが長い年月をかけて獲得してきた文化的価値を享受することが可能となります．

注

1) 1998（平成10）年の学習指導要領改訂においては，小学校中学年の内容は「サッカー型ゲーム」，「バスケットボール型ゲーム」，「ベースボール型ゲーム」のように新たな方式で示されましたが，高学年は従前通り「サッカー」，「バスケットボール」，「ソフトボール又はソフトバレーボール」のように種目名のままでした．その後，2008（平成20）年の改訂において，小学校中学年の内容は「ゴール型ゲーム」，「ネット型ゲーム」，「ベースボール型ゲーム」に，それ以降の学年・年次は「ゴール型」，「ネット型」，「ベースボール型」に改められ，現在に至っています．

2) ここで言う「確保」は，ボールをつかんで保持することのみを指すのではなく，ボールを失うことなくコントロール可能な（プレイを継続できる）状態に保つこと全般を指しています．

3) Tsuchida and Isano（2015）は，ボールが移動する速度と方向を独立変数とする従属変数を「ボールの攻撃性（Aggressiveness of Ball Movements：ABM）」と呼び，関数として捉える見解を示しています．動いているボールの方向や速度を変えることは，ボールを移動しようとする（または阻止しようとする）プレイヤーの成否を大きく左右すると考えられます．

文献

Döbler, H., Schnabel, G., und Thiess, G.（1989）Grundbegriffe der Sportspiele. Berlin: Sportverlag, pp.174-175.

Griffin, L. L., Mitchell, S. A., and Oslin, J. L.（1997）Teaching sport concepts and skills: A tactical games approach. Human Kinetics: Champaign, IL.

林　修・後藤幸弘（1997）ボールゲーム学習における教材配列に関する事例的検討─小学校中学年期に配当する過渡的相乱型ゲームを求めて─．スポーツ教育学研究，17(2)：105-116.

佐藤　靖・浦井孝夫（1997）「球技」の特性と分類に関する研究─中学校学習指導要領の分析を中心に─．スポーツ教育学研究，17(1)：1-14.

シュティーラー，G.：谷釜了正・稲垣安二訳

（1980）球技の戦術．新体育，50(8)：53-56.

鈴木　理（2024）学習指導要領「ネット型」に例示されたバレーボールの認識論的検討．バレーボール研究，26(1)：1-7.

高橋健夫（1993）これからの体育授業と教材研究のあり方．体育科教育，41(4)：18-21.

Tsuchida, R., and Isano, R.（2016）Teaching games by using the principle of aggressive ball movements: A developmental study of learning through teaching games, In: 2015 Game Sense for Teachers and Coaches Conference Proceedings, School of Sport and Physical Education, University of Canterbury: NZ, pp.178-186.

第13講 ネット型の教材演習

ここではボールゲームのうち，「ネット型」に分類されるゲームについて考えます．具体的には「バドミントン風ゲーム」と「バレーボール風ゲーム」を例に「関係づくり」を中心的課題に据えたボールゲームの考え方について，より具体的に，より実践的に考えていきます．

バドミントン「で」ネット型ゲームを教え，学び，またバレーボール「で」ネット型を教え，学ぶということについて考えることになります．ここで，なぜ「バドミントン」や「バレーボール」とするのでなく「バドミントン風」，「バレーボール風」と「風」を加えるのかということについても，この講を読み終えたときには理解が深まっていることを期待したいと思います．

① バドミントン風ゲーム

本節のタイトルを「バドミントン風」と「風」を付していますが，まずは「バドミントンでネット型を教える」と「風」を外して考えてみることにしましょう．

1) バドミントンをめぐる「当たり前」を再考する

バドミントンをラケットスポーツと呼んだことはありませんか？　きっと，そう呼んだことのある人は少なくないでしょう．シャトルというバドミントン特有のボールによる不規則な飛び方にこそバドミントンの醍醐味がある，という言い方に触れたこともあるで

しょう．確かにバドミントンはラケットやシャトルを使います．

しかし，ネット型ゲームであるバドミントンは，私（私たち）と相手との間で生まれるさまざまな情況を感じ，理解し，判断しながら試し合います．プレイヤーは「相手コートのどこへシャトルを送ったら，効くだろうか」，「どのようにしたら，相手が私（私たち）にチャンスボールを送り返してくれるだろうか」，あるいは「相手はどこへシャトルを送って私（私たち）を崩そうとしているだろうか」と探っていきます．つまり，ネット型ゲームは，私（私たち）と相手との間で繰り返される「球の送り合いを私（私たち）に都合よく終結できるように，相手との関係をどのようにするか（＝関係づくり）」を試し合うのです．だからこそ，ここでは球（≒シャトル）の移動に焦点を当てるべく「送る」という表現を用いています．ラケットでシャトルを上手に打つことができたとしても，それだけではネット型ゲームにはなりません．

体育の授業場面を思い返してみると，真っ先にラケットの握り方（＝「グリップ」という）を教える・学ぶという場面に遭遇することがあります．その「正しいとされる握り方」を教わった生真面目な子どもは，早晩，正しいはずの握り方だととてもやりにくい情況にも直面することになります（日本バドミントン協会, 2019）．

私（私たち）と相手との間で展開されるラ

71

リーは時々刻々と情況を変えていきますので，文字通りに多様です．二度と同じ情況はありません．したがって，グリップも多様な情況に応じて，つど可変的であるほうがやりやすいのです．つまり，私（私たち）と相手との間にでき上がる関係が常に変化する（情況が変化する）ネット型ゲームでは，グリップ一つ取り出してみても，その正しさや良否は，統一的・一義的には決まらないということです．

次にバドミントン風ゲームを例に，体育における「ネット型」の評価に触れておきましょう．

これまでに，スマッシュやドロップといったバドミントン固有の専門用語とそれらに対応するシャトルの飛び方を見本やホワイトボードで示し（金子，2024），「その専門用語に対応するシャトルの飛ばし方ができるかどうか」を問う実技テストを経験したことはないでしょうか．

例えばいわゆるドロップを連続して打つことで，その技能が験されたりします．極端な場合，教師がサービス（ラリーの第1球目）を打つようにシャトルをフィードし，子どもがそれを打ち，その打たれたシャトルを教師は見送り，床に落とす．そして，それを何度か繰り返すというテストになったりします．こうなったとき，この実技テストでは何を，どのように評価できるでしょうか．シャトルをよりネット近くに飛ばすことができたケースを「良い」と評価し，ネットから少し遠のくような飛び方を「悪い」と評価できるでしょうか？　あるいは，きれいな動き（フォーム）でシャトルを打つことができたものが「よい」のでしょうか？

ネット型ゲームでは，相手との「ラリーの意図的終結」（鈴木・土田，2022）を目指して，その時々の情況に応じた相手に対する効き目を考慮してボールを送り合います．したがって，バドミントンのドロップを例にすれば，シャトルがネット際に送られたものも，ネットから少し遠のいたものも，相手が送り返すことができない，あるいは相手の返球によって私（私たち）にラリーを終結するチャンスが訪れたとしたら，その「効き目」をもって，その情況においては「よい」と評価されるべきもののはずです．

2）ラケットを使わなくてもネット型を教えること・学ぶことは可能？

さて，バドミントン「で」ネット型ゲームを教える，つまり「関係づくり」を中心的課題と捉えてネット型を教えよう・学ぼうとしたとき，どのような展開があり得るかをもう少し具体的に考えてみましょう．

ネット型ゲームでは相手との間に生まれるその時々の情況を感じ，理解し，判断しながらラリーの意図的な終結に向けてプレイします．つまり，「どのようにしたら，相手に対する効き目をつくり出せるか」，「どのようにしたら，相手が私（私たち）にチャンスボールを送り返してくれる場面をつくれるか」という，私（私たち）と相手との間の「関係づくり」が中心的課題であることを確認しました．

ネット型ゲームで学ぶ「関係づくり」は，私（私たち）と相手の両者が相対して，その間で成立するものですから，できる限り対人でのゲーム形式の活動を教材にするのがよいでしょう．

しかし，ここでいう「ゲーム」は国際ルールに定められたバドミントンそのものである必要はありません．また，国際ルールに則った高度なバドミントン「を」習得するための一手段としての簡易ゲームである必要もあり

ません. あくまでもバドミントン「で」ネット型ゲームを教え, 学ぶのに適したゲームであればよいのです. だからこそ「バドミントン風」なのであり, 国際ルールに則ったバドミントンである必要はないのです. 例えば, 通称「半面シングルス」と呼ばれるようなゲームは優れた教材になるでしょう. 半面シングルスは, バドミントンコートの横方向をセンターラインからサイドラインまでに制限し, 1対1で試し合う簡易なゲームの通称です. コートの横方向を制限した半面シングルスを行う場合も, コートの縦方向についても例えばショートサービスラインとネットの間をアウトとする, あるいはダブルスのロングサービスラインとバックバウンダリーラインの間をアウトとする等のルールで行ってみると, ゲームの様相に変化が生まれます. またサービスについてもラケットでシャトルを打って相手コートへ送り入れるのではなく, 手で投げて開始するというやり方も, 「バドミントン風ゲーム」では積極的に取り入れることができるでしょう.

子どもに私（私たち）と相手との「関係づくり」についての気付きや認識を促すという意味では, プレイヤーとしてプレイするばかりでなく, 「コーチ（役）としてプレイヤーにアドバイスをする」役割を経験するという学習もあります.

具体的には, A対Bによる9点先取の何らかのゲームを行うと仮定して, そのコートサイドにコーチ（役）を設定します. CはAのコーチを, DはBのコーチをします. AかBのいずれかが5点に達したとき, コーチ（役）は担当するプレイヤーに対して, 以降のゲームがより有利に展開できるようアドバイスをするのです. ここでアドバイスをするために

は, 眼前のゲームを観察し分析することが必要です. A対Bで行われているゲーム展開の中にあるラリーのいくつか, あるいはすべてを分析し, それに基づいて「こうしたらより有利になるのではないか」, 「こうしたら挽回できるのではないか」とアドバイスします. したがって, 目の前で繰り広げられているゲームの「傾向を分析し」, それに基づいた「対策を考え出し」アドバイスするのです. こうして考えていくと, ネット型ゲームは対峙するプレイヤーによって展開されるゲームの「傾向と対策」を認識し, それを実践しようとすることが中心的課題であると言い換えることもできるでしょう.

3) バドミントン風ゲームの構造から指導上の留意点を考える

バドミントン風ゲームでは, 相手から送られてきたシャトルに対して, 自らの身体を移動させつつラケットでシャトルに触るとともに, そのシャトルを相手コートに送り返す必要があります. つまり, 私（私たち）は相手から送られてきたシャトルをコートの床面に落とさないように「確保」するだけでなく, 「確保」と同時に相手コートにシャトルを送るべく「進行」すること, 換言すれば, 「一発返し」（鈴木・土田, 2022）が求められるのです. この「一発返し」を可能にするための行為（身体の動きや道具の扱い）が, プレイヤーに求められます.

この「確保と進行を一体的に行う局面」を一般的には「打つ」と言いますが, 子どもにとってはこの「打つ」局面が大変な難所になります. そのため, この「打つ」という難所の克服が過度に焦点化され, やがてそれが学習の中心的課題になってしまうという事態を招きがちです. 要するに, 「打つことだけ」

が学習の課題になってしまうのです．しかし，私（私たち）と相手との球の送り合いで生じるさまざまな情況から切り離され脱文脈化（鈴木・土田，2022）された「打つことだけ」が課題となることは，ネット型ゲームの本質である「関係づくり」の視点から遠のいてしまう恐れがあります．この点に注意が必要です．ネット型ゲームは対峙する私（私たち）と相手の双方でボールの「確保と進行」を交互に繰り返します．私（私たち），あるいは相手の一方だけでボールの「確保」や「進行」を続けることはできません．それゆえ，単に私の「打つことだけ」の上達を目指すような課題の設定は，私（私たち）と相手との間に生まれる球の送り合いの「傾向」を分析し，それへの「対策」を検討し体現するという，ネット型ゲームで目指したい経験から遠のいてしまう可能性を内包します．

　では，「打つ」難しさを軽減しつつ，バドミントン風ゲームで「ネット型」を教え，学ぶ手立てはないものでしょうか．このときに大切になるのがバドミントン「を」教えるのではなく，バドミントン「で」ネット型ゲームを教えるという認識に立ち返ることです．「バドミントン風ゲーム」でよいのです．

　「確保と進行を一体的に行う局面」が難しい（ときに難し過ぎる）子どもなどの場合，「打つこと」を例えば「投げること」に変更，簡易化して，相手コートにシャトルを送るための行為を容易にする方法が考えられます．

　ラケットを用いた打ち合いを，素手による「投げ合い」に変更，簡易化することで，「打つ」難しさからいくらか解放され，ネット型ゲームの課題である「関係づくり」に注力する余地が広がります．子どもの意識が「打つこと」に集中してしまうことを回避し，私

（私たち）と相手との間のさまざまな関係を感じ，理解することに注力できるようにします．「打ち合い」を「投げ合い（あるいは，投げ取り合い）」に置き換えてみることで，私（私たち）と相手による球の送り合いの中から露わになる「効きそうな場所」を見つけ，その効きそうな場所にシャトルを送ることに力を注げるようになります．具体的には，半面シングルスを「投げ合い（あるいは，投げ取り合い）」で行うような方法が考えられるでしょう．バドミントン風ゲーム「で」ネット型を教えると考えてみたとき，必ずしもラケットを使う必要がないことに気付くはずです．

　前段での例示のように，ラリーのすべてを「打ち合い」から「投げ合い（あるいは，投げ取り合い）」に変えなくとも，「サービスができない・上手くいかない」という子どもが一定数いるとき，サービスに限っては投げ入れてもよいことに変更するケースは珍しくありません．サービスができない子どもたちの困り事に対して，体育の授業の中で施されるこうした簡易化は，正式なバドミントンのゲームができるようになるための経過措置ではありません．また，バドミントンのサービスがラケットを使ってできるようになるための単なる経過措置でもありません．サービスに限って投げ入れてもよいとするバドミントン風ゲームを一つの完成形として，ネット型ゲームの中心的課題である「関係」や「傾向と対策」について学ぶのです．

② バレーボール風ゲーム

　本節では，「バレーボール風ゲーム」に焦点を当ててネット型ゲームを考えていきましょう．ここまで読み進めてきてわかる通り，バレーボール「で」ネット型ゲームを教える

ことについて考えることになります.

1) バレーボールをめぐる「当たり前」を再考する

バドミントン風ゲームを考えたときと同じように,まずはバレーボールの指導や学習をめぐってよく見かける光景を振り返っておきましょう.

バレーボールを学ぶとき,「最終的にはレシーブ,トス,スパイクという三段攻撃(第4講参照)ができるように」という目標が掲げられたり,初学者には難しいとされるオーバーハンドパスができるようになるためのコツが強調されたり,さらにはスパイクを打つときの足の運びの練習を繰り返したりした経験はなかったでしょうか.これらはいずれもバレーボールをより高度に行うために欠かすことのできないもので,バレーボール「で」ネット型ゲームを学ぶというより,バレーボール「を」上達するための課題と言えるでしょう.仮に三段攻撃ができること,オーバーハンドパスができること,スパイクのときの足の運びがスムーズにできることを身に付けたとしても,単にそれらができるだけでは私たちと相手との間で行われる球の送り合いを通じて算定される「効き目」を感じることはできません.つまり,バレーボール「で」ネット型を教え,学ぶという営みにまで至ることができません.

バレーボールはバドミントンよりもネットが高いため,バドミントン風ゲームのようにボールの「確保」と「進行」を一体化させた「一発返し」だけでは「ラリーを終結すること」を実現しにくくなります.そのため,一般的にバレーボールでは「自チームで3回までボールに触れることができる」こととして,プレイヤーそれぞれがボールの「確保」と

「進行」に専念できるよう役割の分業を認めています(鈴木ほか,2003).ここにボールの「確保」と「進行」が一体化したバドミントン(風ゲーム)とバレーボール(風ゲーム)の違いが認められます.ボールの「確保」と「進行」の分業化を取り入れて,私たちと相手との「関係づくり」を教え,学べる教材が「バレーボール風ゲーム」ということになります.

複数のプレイヤーによってボールの「確保」と「進行」を分業しながら展開するバレーボール風ゲームですが,高度なバレーボールでは,ボールの「確保」と「進行」を巧みに分業した強烈な三段攻撃を数多く見ることになります.このことが,ともすると「バレーボール≒三段攻撃」という盲目的な理解を誘発するように作用してしまいます.この点には十分な注意が必要です.

そもそも三段攻撃は,いかなるときも二段攻撃や一発返しよりも優れたやり方と言い切れるでしょうか.

高度なラリーが繰り広げられるハイパフォーマンスなバレーボールのゲームでも,時に二段攻撃が行われ,それがラリーを終結させる場面を目の当たりにします.この二段攻撃はボールを確保しているチームが「二段攻撃をしよう」とあらかじめ決めてやっているのではなく,「いま・ここ」での私たちと相手チームの陣形等を考えたとき,二段攻撃を採用したほうがラリーを終結できる可能性が高いと見込んで,ある種即興的に行っているのです.一方,体育におけるバレーボールでは,いわゆる「一発返し」の応酬になることも少なくありません.複数のプレイヤーによるボールの「確保」と「進行」の分業が認められているバレーボール風ゲームであるにもかかわらず,「一発返し」になってしまう背

景には，プレイする子どもたちの技能不足も関係しているでしょう．しかし，視点をずらしてみると，子どもたちは彼ら／彼女らの技能不足を暗黙のうちに体感する中で，それを補いながら何とかラリーを有利に展開しようと導き出した最適解の一つが，「一発返し」のラリーだったと解釈することも可能でしょう．こうした視点がバレーボール風ゲーム「で」ネット型ゲームを教えるときには必要です．

バレーボール「で」ネット型を教えるときには，「ラリーを意図的に終結する」ためのその時々の最善手として三段攻撃や二段攻撃があるという認識を持つことが重要で，単に「自チームで3回ボールを回して相手に送り届ける」という手続きとしての三段攻撃をなぞるのでは意味がありません．

2）バレーボール風ゲームの実践例

ここまでバレーボール風ゲームをめぐる指導上の問題点やゲームの構造について考えてきました．バレーボール風ゲーム「で」ネット型ゲームを教え，学ぶ場合にも，私たちと相手との間に成立する「関係」や「関係づくり」を理解し実践することが中心的課題となりますので，やはり相手（相手チーム）を配置したゲーム形式で学んでいくのがよいでしょう．

例えばバレーボール風ゲームにおいてもバドミントン風ゲーム同様に，バレーボールコートを縦に半面に制限して1人対1人や2人対2人でのゲームが可能でしょう．自チームにおけるボールの確保と進行を「分業」しながら「ラリーを意図的に終結する」機会をうかがうバレーボール風ゲームの特徴を考えると，1人対1人よりも2人対2人や3人対3人のゲームのほうが適しています．「分業」

を体現するには1チームを複数人で構成するほうがよいでしょう．また，ボールの確保や進行を分業することは，子どもたち一人ひとりのプレイ上の負担が小さくなることでもあるので，難所となる「打つ」局面の負担軽減につながる可能性が高いです．そのことが相手を見たり，相手コートの情況を観察する余地を広げることにつながるでしょう．

バレーボール風ゲーム「で」ネット型ゲームを教えようとしたとき，自チームにおいて「何回までボールに触れてよいことにするか」という点に着目した工夫や簡易化も可能です．必ずしも「3回まで」とする必要はなく，時には「4回まで」や「5回まで」と設定したほうがよいこともあるでしょう．分業が許されるバレーボール風ゲームの特徴を味わいながらネット型ゲームを教え，学ぶという意味では，自チームでボールを送り合う際，そのうちの1回だけは「捕球してよい．捕球後に投げて味方にボールを送り届けてよい」というやり方もあり得るでしょう．その他にも，例えばボールの飛び方がゆっくりになるようにソフトバレーボールや風船を使用することもあってよいでしょう．バレーボール風ゲームはボールの確保と進行を複数のプレイヤーで「分業してよい」ので，そこで生まれるプレイ上の負担軽減を適切に見積もりながら，ネット型ゲームの魅力に誘っていけるとよいのだと思います．

文献

金子元彦（2024）BADMINTON　バドミントン．ビジュアル新しい体育実技．東京書籍：東京，p.227.

日本バドミントン協会（2019）ストローク・ムーブスを習得させる．NBA Basic Coach 指導者用テキスト，p.41.

鈴木　理・土田了輔・廣瀬勝弘・鈴木直樹（2003）
ゲームの構造からみた球技分類試論. 体育・ス
ポーツ哲学研究, 25(2)：7-23.

鈴木　理・土田了輔（2022）ゲームの指導内容開発
のための考察視座. 体育・スポーツ哲学研究, 44
(2)：101-113.

第14講　ベースボール型の指導内容開発

1 ベースボール型に含まれる2つのゲーム

　メディアによって報じられ，私たちの目に映る「投手と打者の対決」は，「野球」観戦における重要な局面の一つに違いありません．投手の変幻自在なボールに対してバットが空を切るのか，それとも快音を響かせて打ち放つのか，観戦者たちは固唾を飲んで試し合いの行方に注目します．

　ところが，野球に連なると考えられるさまざまなボールゲームを歴史的に概観してみると，例えば，Gini (1939) が偶然発見した北アフリカのゲーム (Ta kurt om el mahagu) では，投手が打者に対して打ちやすいボールを投げることが慣わしであったと言います．すると，そのボールを「打撃」することは至って容易であったと想像されるので，「成否の不確定な試し合い」は成り立ちません．むしろ，この「打撃」という行為は，その後に控えた「進塁」を開始するための手続きに過ぎなかったと考えるのが自然でしょう．この例と同じような発想は，私たちの身近で行われている「ハンドベースボール」，「フットベースボール」[1]，「ティーボール」などにも見て取ることができます．これらのゲームでは，打撃の仕方を（ゲーム参加者たちにとって）程よい形に変更することによって難易度を調整し，「進塁」への移行を容易にしていると考えられます．

　このように，ベースボール型では「ボールの移動」と「人の移動」という異なる2つのゲームを組み合わせて一つのゲームが構成されています (鈴木ほか, 2003)．しかも，実際の試し合い場面では，確かに「投手と打者の対決」は目を引くものの，ゲーム全体で試し合われているのは「剛腕投手のボールのスピード」や「強打者が放つホームランの飛距離」などではなく，走者が本塁への移動に成功した「ホームイン」の多寡に違いありません[2]．そして，このような仕組みのゲームで打撃を手続き的に行ったり難易度を調整したりするのは，そのゲームの参加者たちが「進塁をめぐる試し合い」を楽しみたいと望んでいることの証ではないでしょうか．そこでまずは「進塁をめぐる試し合い」，すなわち「進塁」とその「阻止」についてひも解いてみましょう．

2 「アウト」とは何か

　ベースボール型で使われる「アウト」という言葉は，例えばバレーボールでボールが有効競技空間（コート）の外に出たことを指す "out of bounds" のアウトとは意味が異なります．「人の移動」を試し合うベースボール型では，ボールではなくて人に対して，「あなたは試し合いのメンバーから外れますよ」と告げるときに「アウト！」と言います．それは，ドッジボールで内野の人が（相手から の）ボールを当てられて外に出るのと同じこ

とです．つまり，進塁を企てる走者は相手から「ボールを当てられる（接触する）こと＝アウト」を避けながら移動を重ねようとするのに対し，それを阻止しようとする側はアウトを取るためにボールを走者に近付けようと（接触しようと）します．このように，「進塁をめぐる試し合い」では，ボールを「鬼」に見立てた「鬼ごっこ」が行われます．もちろん，この鬼（＝ボール）は勝手に動いたりはしないので，進塁を阻止しようとする人たちがこれを操作（投げる，捕る）することで鬼ごっこを展開します．

この「鬼ごっこ」では，鬼を避けて進塁しようとする走者が向かう最終目的地（本塁）までの間にいくつかの「経由地＝塁」が置かれ，安全地帯として機能します．進塁を阻止する方法として一般的なのは，ボールを保持した者が塁間で（ボールを）走者に接触する「タッチアウト」ですが，さらに進塁阻止の機会を増やす（進塁を難しくする）ためのルール変更として（安全を十分に確保した上で），走者への「投げ当て（soaking）」をアウトとして認める方法も考えられます．

なお，各塁は「椅子取りゲーム」の椅子のように，定員1名（走者またはボール保持者）となっています（図14-1）．したがって，走者がある椅子に座ろうとしても，ボール保持者に先を越されてしまうと「満席」でアウトになってしまいます．特に，走者の進塁先が確定している（それ以外に選択肢がない）場合には，ボール保持者が先に「満席」を完了した時点で，走者の進塁可能性は消滅し，「見なしアウト＝フォースアウト」が成立します．このような「成否確定の合理化」という工夫が戦術の発展につながっていることは，ボールゲームの授業で押さえるべき重要な指導内容ではないでしょうか．

3 「打撃」とは何か

ここで，冒頭の「打撃は進塁を開始するための手続きに過ぎない」ことに立ち戻ることにしましょう．このことを広く捉えるならば，ハンドベースボールやフットベースボールに見られるように，当の「手続き」は「バットを操作して投球を打ち放つこと」に限定されるものではなく，多様な方法があり得ます．むしろ重要なのは，何が「進塁の開始」を促すのかということです．

この問題を考える上で，柔らかいボールを用いる伝承遊びとして子どもたちに親しまれてきた「ろくむし」の様子をのぞいてみることにします（第15講参照）．このゲームの発祥は定かではなく，また名称やルールの詳細も地域や参加者の主体的条件によってさまざまですが，「2つの塁間で交わされる投球―捕球の隙を突いて走者が6往復の進塁を試みる」という形式は一貫しています．ここで言う「隙」とは，ボールを保持する側が暴投したり捕球を失敗したりしてボールを取り逃すことによって，仲間に投げ返したり走者に投げ当てたりすることができなくなる場面を指します．つまり，〈確保〉が不安定になるということです．さらに，「ろくむし」のバリ

図14-1 「進塁」は「椅子取りゲーム」

エーションには，キャッチボールに走者が介入してボールを奪取し，そのボールを遠い（または相手方が取りにくい）ところに投げ放して相手が回収している間に進塁を重ねる，という形式も見られます．つまり，より積極的に「〈確保〉の不安定化」を促進するということです．

このように試し合いが発展・変形していく過程で，進塁を阻止しようとする側が〈確保〉の安定性を回復しようとすれば，「捕球者の増員」という考えに至るでしょう．ボールの散逸に備えてあらかじめ捕球者の後方で待機する「バックアップ」や，走者に先行して待ち伏せを図る「ベースカバー」などの戦術は，「いま・ここ・私たち」が置かれた情況の理解に基づく「危機管理」に他なりません．他方，進塁を目論む側にあっては，介入・奪取したボールを投げ放つだけでは「〈確保〉の不安定化」が不十分であれば，手，足，あるいは用具を使って「打つ」ことで「鬼を走者から遠ざける」という課題を果たそうとするでしょう．このように，進塁を念頭に置いた，すなわち「ゲームの文脈の中で行われる」打撃は，バッティングセンターやホームラン競争で「かっ飛ばす」それとは明らかに異質なものです．「走者（打者自身も含む）を進塁させるにはどのように打撃を行えばよいのか」という問題は，打者ばかりでなくチーム全体で向き合うべき「ゲームの傾向と対策」に他なりません．

4　ゲームの「見立て」と「味付け」

以上の視点を盛り込んでベースボール型の仕組みを見直してみると，図14-2のように捉えることができます．

ベースボール型は，ボールを媒体としながらも，「ボールの移動」ではなく「人の移動」を試し合うところに，他の型のゲームと決定的に異なる独自性が認められます．ただし，その試し合いに先立って，人の移動（進塁）の準備を行う「一次ゲーム」が行われ，これに成功すること（相手のボール〈確保〉の不安定化）をもって，試し合いの本体となる進塁vs阻止の「二次ゲーム」が開始されるのでした．したがって，「一次ゲーム」にはバットを操作してボールを打つ「打撃」の他にも多様なバリエーションがあり得るということです．

試し合いが「二次ゲーム」に進むと，ボールを「鬼」に見立てた守備者が，「鬼」を移送して走者を捕まえる（タッチする）ことを試みます．ここで不用意に進塁を許さないためには，情況を先読みして「危機管理」を行うこ

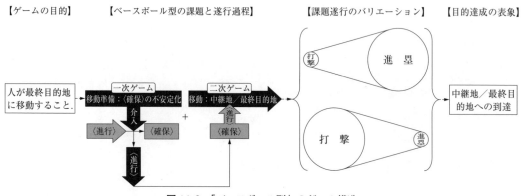

図14-2　「ベースボール型」のゲーム構造

とが重要なのでした．ボール〈確保〉の不安定化を図る相手の意図や傾向を察知して人を配置する，走者の先回りをして塁に入り，「椅子取りゲーム」で優位に立つ，送球・捕球のミスに備えてバックアップする等々，進塁を阻止するためのさまざまな工夫が考えられます．

野球のルールを定めた「公認野球規則」には（筆者は詳細に読んだことはありませんが），ゲーム中に起こり得るさまざまなケースへの具体的な対応が指示されているものと思われます．これに精通することは，野球の専門家たちにとっては重要かもしれませんが，体育授業でベースボール型に触れる子どもたちにとってはあまり現実的ではありません．むしろ，「鬼ごっこ」というキーワードを使いながら，これにどんな「味付け」をしていったらもっと面白くなるのかを試してみることのほうが，子どもたちをスポーツ文化の継承・発展・創造に導くことにつながるのではないでしょうか．なぜなら，それは野球の専門用語で示されているようなさまざまな事象の意味を理解し，抽象度を高めてシンプルな言葉で言い表す（例えば，「フォースアウト」を「満席」による「見なしアウト」と表現するなど）という，つとめて高度で知的な学びとなるからです．

注

1) 「フットベースボール」は子どもたちの間では「キックベース」などと呼ばれることもありますが，本書では学習指導要領の例示に倣って，「フットベースボール」と表記することにします．
2) 打撃の「成功」とは，一般的には打者が打ち放ったボールがフェアゾーンに接地することを指します．なお，フェンスやライン等で区分されているフィールドで，区分線を超えたフェアゾーンにボールが接地した場合，守備者はそこまで進入することはできないので，「ホームラン」となり，打者は無条件で進塁を重ねてホームインすることができます．

文献

Gini, C. (1939) Rural ritual games in Libya. Rural Sociology, 4(3): 286.

鈴木　理・土田了輔・廣瀬勝弘・鈴木直樹（2003）ゲームの構造からみた球技分類試論．体育・スポーツ哲学研究，25(2)：7–23.

第15講 ベースボール型の教材演習

「ベースボール型の指導は難しい」. ボールゲームの話題になると, この類の声を度々耳にします. 打ち方や投げ方, 情況に応じた動き方などの指導が困難であることを理由に, ベースボール型ゲームの授業づくりに苦手意識を持つ教師が少なくないようです.

しかしながら, 私たちは第14講で, ベースボール型ゲームにおいては「移動者（＝走者）に対して, 相手方がボールを確保して先回り（＝待ち伏せ）したり追いかけたりして, ボールを走者に接触させること（アウト）で移動を阻もうとする試し合い」が行われていることを確認しました. この課題に取り組む様相が「プレイヤーが目標地点に移動する」ことをめぐる「ボールとの鬼ごっこ」のような試し合いとして現れています. また, この「鬼ごっこ」は自然に生じるのではなく, これに先立って, 「フェアゾーン（目標地点）にボールを移動する試し合い（＝打撃）」が行われていることも確認しました. このようにベースボール型ゲームは, プレイヤーを移動するために, 守備を突破して,「ボールを目標地点に移動するゲーム（一次ゲーム）」と,「プレイヤーが目標地点に移動するゲーム（二次ゲーム）」という2つのタイプのゲームの複合によって成り立っています（土田, 2010）.

冒頭に示した通り, これまでの指導において難しさが指摘されていたのは, 投げたり, 打ったりするボールの移動方法の習熟, つまり「動きづくり」に焦点が当てられてきたか

らではないでしょうか. もちろん,「動きづくり」も重要な視点ですが, ベースボール型ゲームの目的は,「ホームベース（＝本塁）まで走者を進めること（＝人の目標地点への移動）」にどれだけ成功したかです. しかも, 集団で1個のボールを用いて実施することが多いボールゲームにおいては, それぞれが異なる役割を分担しながら, ゲームの目的を達成しようと試みます. したがって, 全員が「速く」,「遠く」にボールを移動できなくとも, ゲームに参加することができます.

このようなベースボール型ゲームの構造や特性を踏まえるならば, 体育授業において目指されるべきは,「いま・ここ」にいる子どもたちが, ゲームの目的を達成するための課題を見定め, 実現可能な解決をたどっていくことでしょう. そして, 仲間や相手, 教材との関係を構築しながら, 課題を解決することを通じてゲーム理解が深まっていくと考えられます.

以上の関係づくりを企図した学びを推し進めるために, 本講では, ベースボール型の構造を踏まえた授業づくりの見方・考え方について, 実践例を用いながら話を進めていきます.

① ベースボール型ゲームにおける「一次ゲーム」の捉え方

1）「人の移動」に貢献する「ボールの移動」

先述の通り,「プレイヤーが目標地点に移

動する」二次ゲームに先立ち，一次ゲームではボールをフェアゾーンに移動することを試みます．このときバットやラケットなどの道具を用いて「打撃」することが想定されますが，決して道具を用いたボール移動に限定されることはありません．「ボールの移動」という課題に向き合うと「どのように打撃を成功させるか」に目が向いてしまうかもしれませんが，それ以上に「なぜ，ボールを移動させるのか？」という意味に着目する必要があります．第14講において確認した通り，野球やソフトボール等で見られる「打撃」とは，「相手方の投手の投球を捕手が捕球しようとする過程に介入してボールを走者から遠ざけようとする試し合い」です．つまり，打者はフェアゾーンを目標地点とするボール移動を通して，相手方のボール確保を不安定化することを試みています．その不安定化に成功することで，打者は走者となり，出塁している場合は，走者を進塁させることとなります．このように授業づくりや教材づくりにおいては，ゲームの構造に目を向けた上で，具体化することが重要になります．

　一次ゲームを具体化した多様なバリエーションの中でも，多くの授業実践で採用されているのが，道具を用いることなく，主に「手」で打ったり，投げたり，「足」で蹴ったりするなど，自らの身体操作によってボールの移動を試みることです．このような方法が用いられるのも，自らの身体から離れるほど，道具を意のままに操作すること（伸長能力）[1]は一定習熟が求められるためです．もちろん，道具を用いたボール移動も考えられますが，上述を考慮すると短いラケットを用いるなど，バットに限ることなく個々の子どもに応じた多様な選択肢を持ち合わせる必要があるで

しょう．また，ボールの移動も「相手がボールを投げる（転がす）」，「仲間がボールを投げる（例：打ちやすいトスを上げる）」，「止まっているボールを打つ，投げる，蹴る」などのバリエーションがあります．

　これらの一次ゲームの構造を踏まえた実践として「打ちっこゲーム」が報告されています（土田，2010）．このゲームは，自分の手のひらの上に置いたボールを自分でトスして打ち，バレーボールのサービスの要領で，遠近・左右に設けられたポイントをねらって得点を競います．また，子どもたちの実態に応じて，味方が投げたボールを手や道具を用いて打つなどのバリエーションも考えることができます．

　このような多様な打撃を用いて「ねらった目標地点に向けてボールの移動を試みる」ことがベースボール型においては重要なゲーム理解を促すことになります．例えば，野球やソフトボールの場合，打者が一塁に到達し，ランナーになるためには，ベースから遠い地点にボールを打つ（移動する）ことが成功の鍵となります．また，ランナーが二塁にいる場合も同様に，進行するベースから遠くの一塁側に打つことが最適となります．もちろん，ボールの移動は，「方向」だけでなく，いわゆる「バント」に代表する「速さ」の調整も人の移動に貢献する重要な観点となります．そのため，ホームベースから遠くに速くボールを移動できなくとも，近くにゆっくり移動させることでゲームに参加することが可能となります．

２）「確保」を促進するシフト

　一次ゲームは，打撃側がボールの移動を試みるだけでなく，ボールの進行を阻止する相手側との対峙によって成り立っています．

83

ボールの進行を阻止するためには，個人の方策だけでなく，守備側がチームで対策を講じる「戦術」を欠かすことができません．しかしながら，チームとして対策を講じるためには，打撃側にどのような傾向があるのか事前に把握する必要があります．このように，守備側が打撃側のボールの進行を阻止するために，戦術的に確保を試みる「傾向と対策」の総称を「シフト」と呼びます．

アメリカのメジャーリーグベースボールでも，打者の傾向を分析し，個々に応じた守備「シフト」を敷いていました．強打者で知られる大谷翔平選手も，右側方向の打球が多い傾向があるため，相手の内野手が二塁ベースより右側方向に移動するなどの対策が講じられていたようです．しかしながら，精緻な分析によって講じられた守備シフトは，ランナーになる可能性を低下させることとなったため，その影響を鑑みて 2023 年からメジャーリーグでは極端な守備シフトが制限されました (Office of the Commissioner of Baseball, 2023)．

ここではメジャーリーグを例にしましたが，大切なのはトッププレイヤーと同じ「○○シフト」を実践することではありません．むしろ，そのシフトを敷く合理性に至るまでに，どのような着想や試行錯誤がなされてきたのかを探索する「歴史的追体験」の視点が求められます (鈴木, 2021)．したがって，子どもたちには相手の傾向を把握し，「○○」に具体的な相手の名前を入れて対策することが望まれます．このように守備のシフトを敷く場合は，それが「いま・ここ」の子どもたちにとってお得な方策であるのかを追求していくことが大切です．その過程を通じて，シフトの意味や価値を享受し，ひいてはゲーム理解

に結び付くことになります．

上述した事例の「打ちっこゲーム」においても，実際に守備者を付けてゲームを実施しています．攻撃側 (4 人) が各自 2 個のボールを持ち，一斉にそのボールを自分でトスして打ちます．守備側は打たれた 8 個のボールをみんなで拾い集め，コートの線上に並び終えるまでのタイムを競います．そこでは，ボールを集める時間を短くするために，守備側は，どこを守れば守備を突破されないか，チームで考えることとなります．メジャーリーグでシフトは禁止になりましたが，体育授業においては，傾向と対策を考える観点からも，積極的に働きかける必要があるでしょう．「どこにボールが打たれているかな？」などの問いかけは，傾向と対策を講じることを推し進める声かけになると考えられます．

一方で，シフトを促進するための思考や判断を阻害するのが「ポジション」です．野球やソフトボールになじみがあると，固定された位置取りが決まっていると捉え，それを適用することが「正しい」と誤解することがあります．そのような考えが授業で見受けられる場合は，「本当にそうなのかな？」などと思考や判断に揺さぶりをかけながら，相手に応じたシフトを敷くことの必要性を促すことが重要となります．

② ベースボール型ゲームにおける「二次ゲーム」の捉え方

1）ボールとの「鬼ごっこ」

ベースボール型ゲームにおいては，ボールを確保した守備側が「ボールを捕ったら，どこに投げればよいのか？」，一方，攻撃側が「走者として次に何をすればよいか？」など，情況に応じた動き方の指導に困難さが指摘さ

れてきました．そして，これらを解決する上で，「1アウト，ランナー二塁」などの条件のもとで，その場面の解決方法を繰り返し練習するという対策が講じられてきたのではないでしょうか．

しかしながら，具体的な情況に対する練習ばかりでは，異なる情況に遭遇した場合に対処することが困難となります．なぜなら，守備者や走者が異なれば，たとえ「1アウト，ランナー二塁」と同じ条件下であっても，「関係が異なる」ため対応が異なるためです．したがって，ここで重要なのは個別ケースの蓄積にもまして，ゲームの構造を理解することを通じて，自分の役割に応じて「何をすればよいのか」を自ら判断できることです．

冒頭に示した通り，ベースボール型は，「プレイヤーが目標地点に移動する」ことをめぐる「ボールとの鬼ごっこ」として捉えることができます．ただし，この「鬼ごっこ」は，走者が向かう最終目的地（本塁）までの間にいくつかの「経由地＝塁」が設けられ，安全地帯として機能しています．そのため，走者はボールと自らの位置関係を捉えながら進塁（＝移動）して，目標地点を目指すことが肝要となります．一方，守備側は相手の進塁を阻止するために先回りをする必要があります．

このように，二次ゲームの構造を踏まえたバリエーションとして教材を具体化しますが，その一つの視点として「塁の機能」を取り上げることができます．石塚（2020）は，安全地帯としての塁の機能と定員を明確にした教材づくりを提案しています．野球やソフトボール，三角ベースボールなどは，複数の安全地帯（＝塁）を経由して目標地点（＝ホームベース）まで人を移動させるゲームです．しかし

ながら，安全地帯である塁は，定員が1名となっています．そのため，自分の手前にいる走者が進塁しなければいけない情況では，塁から押し出される形で強制的に次の塁に移動することとなります．その一方で，進塁しなくてもよい情況も生じてきます．したがって，走者は情況によって異なった判断が求められます．このように走者がどこの安全地帯にいるかによって，守備側もどこでアウトにするか選択肢が増えることとなります（石塚，2020）．もちろん，上述のゲームを通じて二次ゲームの仕組みを理解することも可能ですが，ゲーム中の選択肢の多さによって混乱が生じ，理解を停滞させる可能性があります．そのため，子どもたちの主体的な条件を考慮すると，ゲーム構造を維持しながらシンプルにした教材を検討することも大切な視点です．

その一つに「安全地帯に定員制限を定めない」視点が有用となります．この安全地帯に定員を設けることなく二次ゲームを理解する教材として，伝承遊びとして知られる「ろくむし」が提案されています（石塚，2020）．ろくむし（図15-1）は，走者が自身とボールの位置関係を把握しながら，移動に注力することができるため，まさに「ボールと人の鬼ごっこ」に焦点化した教材と言えます．さらに，安全地帯を往復するゲームから，安全地帯の増加，順序性・目標地点を追加するバリエーションを用いることで，二次ゲームの理解に結びつくと考えられます．

2）「ボールを持たないときの動き」と「危機管理」

二次ゲームの「ボールと人の鬼ごっこ」は，「人の目標地点への移動」とともに，その進行の阻止によって成り立っています．先に述べた通り，走者の移動に対して，相手方は，

85

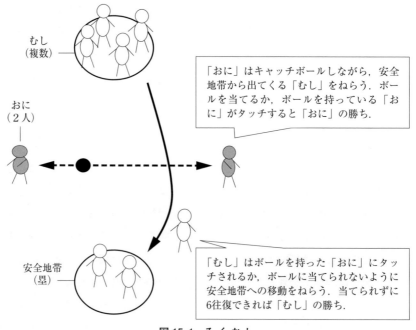

図 15-1　ろくむし

（石塚，2020，一部改編）

　ボールを確保して先回り（＝待ち伏せ）したり追いかけたりして，ボールを走者にタッチすることで，それを阻もうとします．走者が安全地帯や目標地点に到達する前に進行を阻止するためには，ボール保持者にもまして，ボールを持たないプレイヤーの役割が重要となります．なぜなら，ボールと走者が離れているほど，個人の投や走の力だけで進行を阻止することが困難になるためです．

　ボールを持たないプレイヤーの役割の中でも，典型的であるのが「待ち伏せ」です．走者より先回りして待ち伏せし，仲間からボールを送り受けることで，タッチすることを試みます．しかしながら，ベースボール型ゲームの「待ち伏せ」には多様な意味が付与されています．例えば，先に述べた通り，野球やソフトボール，三角ベースボールなどは，安全地帯である塁の定員が1名であるため，走者は強制的に次の塁に移動しなければならな い情況が生まれます．そのような場合，塁に必ず来ることになっているため，ボールを先回りさせてタッチを省略してアウトにすることができます．いわゆる「フォースアウト」を成立させるためには，ボールを持たないプレイヤーが，塁上に先回りし，待ち伏せした上でボールを受ける必要があります．これらの「ベースカバー」は，塁が多くなるほど選択肢が増えてくるので，本塁と一塁で実施するゲームや三角ベースボールなど，子どもたちの主体的条件に応じたゲームの選択が必要でしょう．

　また，ベースカバーはボールを持たないプレイヤーが塁上でボールを待ち受けますが，すべてが成功するわけではありません．そのため，ボールを送り受ける以外のプレイヤーは，ボールの送球やキャッチのミスによって後方に逸らしてしまうことを想定し，塁の後方に回り込んで，走者の進塁を阻止しようす

る予防としての「備え」が必要となります．このようにボールの送り受けをバックアップすることも，待ち伏せの一つのバリエーションと言えるでしょう．

　ここまで示してきたベースカバーやバックアップは，多くの場合，打球の方向に応じた一連の動き方を反復する指導が用いられていたのではないでしょうか．しかしながら，その動きが走者の阻止にどのように関与するのか，その意味が理解されていなければ，ボールを保持したときに，次に何をするべきか判断することにつながりません．つまり，ベースカバーやバックアップの動きができていても，自らの役割と動きの意味を理解していなければ，万が一の「危機管理」とは言えません．

　そのため，ベースカバーやバックアップが必要な情況が生じたときこそ，ボールを持たないときの動きに気付くことができるよう「進塁を早く止めてみよう」，「どこに先回りすればよいかな？」などの手がかりを提示することが大切です．また，ゲームの中で関連する動きが発生してきたときは，子どもたちのゲーム理解が進んでいる一つの指標として捉えることができるでしょう．

③　ゲーム理解に向けた教師の心構え

　この講では，ベースボール型の構造を踏まえた授業づくりの見方・考え方について実践例を踏まえて話を進めてきました．しかしながら，上述した実践を適用するだけで自ずと

理解が促進されるわけではありません．なぜなら，ゲームにおいて生じる課題は，「ボールの進行と確保」，「人の進行と阻止」を試みる子どもたちの関係によって多様な現れをするためです．そのため，教師は，実践の適用にもまして「いま・ここ」にいる子どもたちの目の前で生起するゲームの課題を見定め，実現可能な解決ができるよう，教材とともに問いかけや手がかりなど伴走者としての態度・姿勢が，学びを支援する上で重要となるでしょう．

注

1) 伸長能力とは，スポーツ運動学における動感創発身体知のカン統覚領域に位置付く能力．〈私は動ける〉という動感意識が私の皮膚表面を超え出て，対象へ向かって投射され，その対象のところに私の動感身体それ自身が同時に居合わせて，〈私はそう動ける〉と感じ取ることのできる能力（金子，2005）．

文献

石塚　諭（2020）「型」としての学習内容に迫る．体育科教育，68(3)：32-35．

金子明友（2005）身体知の形成―運動分析論講義―（下）．明和出版：東京．

Office of the Commissioner of Baseball (2023) Official Baseball Rules 2023 Edition. https://img.mlbstatic.com/mlb-images/image/upload/mlb/wqn5ah4c3qtivwx3jatm.pdf, （参照日2024年8月1日）．

鈴木　理（2021）いま，陸上運動［競技］で何を教え学ばせるか．体育科教育，9(5)：12-15．

土田了輔（2010）ベースボール型ゲーム（走者と守備の対決場面に焦点を当てたハンドベースボール）．鈴木直樹ほか，だれもがプレイの楽しさを味わうことのできる　ボール運動・球技の授業づくり．教育出版：東京．

むすび　ボールゲーム指導の展望

・総括：ボールゲームのリベラルアーツ

　世界のボールゲーム指導の大きな転機になったTGfUという運動があったことは本書の中でも述べられたと思います．その一番のきっかけになった著書に"*Rethinking Games Teaching*"（Thorpe and Bunker, 1986）というものがあります．その冒頭の章（The curriculum model）に，「体育プログラムの中でゲームの指導に多くの時間が割かれている中，学校でゲームを教える方法についてほとんど，あるいはまったく注意が払われていないのは驚くべきことである」，というくだりがあります．この言葉の重みを，近年，思い知らされています．

　ボールゲームの指導法なんて，昔から確立されているよ！　とおっしゃる方が多いかもしれません．そして，日本の若者が海外のプロスポーツチームで当たり前のように活躍している今日，ボールゲームの指導法がないなどと言えば，何を愚かなことをと言われそうです．

　競技スポーツの世界では，確かに日本のプロスポーツ選手の活躍はめざましいものがあります．サッカー，野球，バレーボール，バスケットボールに至るまで，日本国内の部活動やクラブチームで育成された若者が，世界で通用している姿を見ることは，たいへん喜ばしいことです．しかし，ソープとバンカーが，体育におけるボールゲーム指導が確立していないことを指摘したのは先に述べた通りです．

　この部分は実は読み流してはいけない部分でした．確認のためにもう一度掲げると，

「学校でゲームを教える方法についてほとんど，あるいはまったく注意が払われていない」のが，1980年代の現状だったのです．冒頭の章で言う「学校」の「体育プログラム」は，日本で言うところの部活動ではありません．physical education，つまり体育授業です．

　さて，日本の体育授業ではいかがでしょうか．体育プログラムでゲーム（ここで言うゲームは，ボールゲームのことです）を教える方法は開発されているでしょうか．さまざまな指導法が開発され，近年では戦術アプローチという指導法がアメリカから輸入されました．特定の戦術原則を誇張するための段階的な修正がなされたドリルゲーム，タスクゲームからなる指導方法が提案され，日本の体育授業におけるゲーム指導も大きく前進したように見えました．「単純なものから複雑なものへ」というのは体育のみならず，すべての教科等の学習の基本ですので，とても理に適った指導モデルに見えました．事実，日本の部活動や学外のクラブチームの専門的な指導というのは，まさにこの段階的な指導を指します．しかしながら，先のソープとバンカーの言葉に戻ると，「学校でゲームを教える方法」と言った場合，上述の段階的な指導が本当に適しているのでしょうか．ここでまた，ある言葉を引用します．「このように単純なものから複雑なものへと発展していくことが理想的である一方，子どもたちが好んでプレーする文化的なルーツが深いゲームもあることを認識しなければならない．例えば，11人制サッカーのように，そのゲームが子どもたちに適

していないにもかかわらず，その興味をそら
すことは難しい．子どもの発達段階を認識し
つつ，大人のゲームを『代表』するミニゲー
ムを慎重に選ぶべきである．経験の浅い初等
部の教師は，特定の戦術原則を誇張するよう
に設計された段階的な修正と格闘するよりも，
ミニゲームを使った方が自信を持って取り組
めると言わざるを得ない」(Thorpe and Bunker,
1986)．少し長い引用ですが，この言葉も上述
した"Rethinking Games Teaching"の最後
のページに書かれている文でした．

　仕事柄，小学校の教育現場にお邪魔するこ
とが多いのですが，「段階的な修正と格闘」
している先生は，どちらかというと体育の研
修団体に顔を出しているような熱心な先生で，
その他の多くの先生方は，「ドリブルして・
パスして・さあゲーム」という展開がほとん
どだと思います．私は，後者でもいいかなと
思います．ただ，「ドリブルして・パスして」
のあたりで，本気で技能を向上させようと時
間をかけるのはナンセンスだと思います．

　本書が提案しているのは，時数が少なく，
サッカーやバスケットボールという種目を教
えるのではなく，ゴール型，ネット型，ベー
スボール型という「型」に共通する動きや戦
術を教えるという，世界でも珍しいカリキュ
ラムを持つ，日本の体育におけるゲームの指
導法です．私たちは，「練習を一通りしてか
らゲーム」をする，という従来のゲームの指
導観を踏襲しませんでした．「なるべく早く
ゲームに参加させてしまう」ことで，直ちに
学びの世界に入り込み，「動きづくり」では
なく，「関係づくり」に浸らせてあげる方法
を提案しています．その際，一通りいろいろ
なことができるようにすることは目指してい
ません．万能選手のスーパースターを体育授

業では育成できないことを知っているからで
す．それでも，限られた役割でゲームに参加
したり，仲間と役割を分担しながら課題を解
決したりしていくことを学んでくれればよい
と思います．そして（みんなで）ボールを移動
していく（妨害する）という文化は，どのよう
な原理・原則のもとに構成されていくかにつ
いて，理解を深めていってほしいと願ってい
ます．

　ここで目指されるのは，一生涯を通じて役
に立つ「動きをつくる」ことではありません．
大人になってからボールゲームを続ける人は
限られています．「教わった動きがすぐに役
に立つ」という有用性に，日本の体育授業は
残念ながら貢献できないと思います．しかし，
言葉も通じない国の街角で，名前も知らない
ボールゲームを見たときに，自分なりのやり
方で参加したり，そこ（コートの中）で何が起
こっているか理解できたりするような人が
育ってくれればよいなと思っています．これ
は言わば，「教養としての体育」のすすめで
す．

・今後の課題

　ボールゲーム指導の課題は，山積していま
す．一番気になるのは，校種間の接続です．
一つ上の校種の先生が，「どうしてもっとこ
こまで教えていないのか」という考え方を捨
てて，入ってきた子たちと向き合い指導に当
たることが大事かと思います．多方面でよく
お話しするのですが，学校の体育授業は45分，
あるいは50分程度が基本です．準備，かたづ
け，まとめを入れると，個々の学習者が「動
き」を高める時間など，毎時間15分あるかど
うかです．その授業を1単元10回やったとし
ても，「動き」を高める時間はせいぜい150分
(2時間半)しかありません．たった2時間半と

いうのは，中学校，高等学校の部活動の2回以下でしょうか．もしこれで，ゲームで発揮される「動き」が高まるならば，中学校の部活動がブラックになることはないと思います．では何を学んでほしいのかと，考え方を転換していくことが今後の学校体育の大きな課題ではないでしょうか．

　末筆になりますが，八千代出版の森口恵美子さん，井上貴文さんには，本書完成に向けて適切にご助言いただきました．心から感謝申し上げます．

文献

Thorpe, R., and Bunker, D. (1986) Landmarks on our way to 'teaching for understanding' in rethinking games teaching. In：Thorpe, R., Bunker, D. and Almond, L., Rethinking Games Teaching. Department of Physical Education and Sports Science, University of Technology：Loughborough, UK. p.7, p.79.

土田了輔

索　引

ア　行

アウト　　78
安全地帯　　85
一次ゲーム　　82
一体化　　69
逸脱　　4
一般理論　　3, 16
迂回　　18, 69
送り受け　　18, 57
鬼ごっこ　　79, 85

カ　行

外的簡易化　　40
カオス　　46
価値体系　　2, 5
関係　　47
関係づくり　　4
危機管理　　19, 80, 87
効き目　　4, 20
技術　　1
キックベース　　81
拮抗　　55
技能　　54
競技形式　　13
切り取られたゲーム　　44
グリップ　　71
傾向　　68
　　──と対策　　84
ゲーム構造論　　14, 66
ゲームの課題　　13
ゲームの目的　　13
言語行為　　29
原理　　20
構成的規則　　29-31, 34
構成的目的　　37
構造的理解　　4
個別理論　　16

サ　行

最大防御境界面　　19
作戦　　56
参照枠　　30
三段攻撃　　21
暫定版　　1
GPAI　　48-9
実体　　47
指導内容　　16
指導内容開発　　3
シフト　　84
主要局面　　65
循環　　15
情況の操作　　21
進塁　　78
図　　45
正統的周辺参加　　39, 41
正統的周辺参加論　　38
戦術　　1
戦術学習　　54
戦術的情況判断能（TDC）　　10-1
層構造化　　19, 52, 61
阻止　　78
備え　　87

タ　行

対策　　68
打撃　　78
縦型分散配置　　57
地　　45
チームスポーツ評価手順（TSAP）　　48
中心化傾向　　50
直進　　18
TGfU　　40-1
ディープタイム　　2
典型事例　　2, 44
統制的規則　　29, 31

突破　　18
飛び地　　4
鳥の目　　65

ナ　行

内的簡易化　　38, 40-1
二次ゲーム　　82

ハ　行

バックアップ　　80
人の目標地点への移動　　82
不安定化　　83
フォースアウト（見なしアウト）　　79, 86
フットベースボール　　81
分業化　　69
分業文化　　37, 63
ベースカバー　　80, 86
防御境界面　　18
方法　　66
ホームラン　　81
ボール移動の軌跡図　　50-2
ボールの確保　　14, 55, 67

ボールの攻撃性　　57, 68
ボールの進行　　14, 55, 67
ポジション　　84

マ　行

待ち伏せ　　86
的入れ　　46
持ち運び　　18, 57

ヤ　行

役割取得　　58
余剰人員　　58

ラ　行

落下地点図　　50
ラリー　　67
理解　　54
　　——の転移　　54
練習　　1
ろくむし　　79, 85

編著者略歴

鈴木　理（すずき　おさむ）

日本大学文理学部体育学科教授　博士（教育学）
筑波大学大学院体育研究科修了
主要論文：
鈴木　理・青山清英・岡村幸恵・伊佐野龍司（2010）価値体系論的構造分析
　　に基づく球技の分類．体育学研究，55（1）：137-146.
鈴木　理（2018）球技における攻撃と防御の認識論的検討．体育・スポーツ
　　哲学研究，40（1）：25-33.
鈴木　理（2024）学習指導要領「ネット型」に例示されたバレーボールの認
　　識論的検討．バレーボール研究，26（1）：1-7.

土田了輔（つちだ　りょうすけ）

上越教育大学学校教育研究科教授　博士（教育学）
新潟大学大学院現代社会文化研究科修了
主要著書論文：
土田了輔（2011）学校体育におけるボールゲームの指導論　学習内容の開発
　　研究．ブイツーソリューション：愛知．
土田了輔・阿部敏也・榊原　潔・與那嶺響・北澤太野（2013）分業に基づく
　　バスケットボールの単元が子どもの学びに及ぼす影響．教育実践学研究，
　　14（1）：11-21.
鈴木　理，土田了輔（2022）ゲームの指導内容開発のための考察視座．体
　　育・スポーツ哲学研究，44（2）：101-113.

「関係づくり」を大切にするボールゲーム指導

2025 年 1 月 15 日　第 1 版 1 刷発行

編著者―鈴木　理・土田了輔
発行者―森口恵美子
印刷所―美研プリンティング（株）
製本所―（株）グリーン
発行所―八千代出版株式会社

〒101
-0061　東京都千代田区神田三崎町 2-2-13

TEL　03-3262-0420
FAX　03-3237-0723

＊定価はカバーに表示してあります．
＊落丁・乱丁本はお取替えいたします．

© 2025　O. Suzuki and R. Tsuchida et al.
ISBN978-4-8429-1882-2